Jürgen Autenrieth
Annegret Müller-Bächtle
Rainer Fieselmann

Bärlauch, Salbei, Gundermann

Jürgen Autenrieth
Annegret Müller-Bächtle
Rainer Fieselmann

Bärlauch
Salbei
Gundermann

Kochen mit Wildkräutern
der *Schwäbischen Alb*

Silberburg-Verlag

1. Auflage 2010

© 2010 by Silberburg-Verlag GmbH,
Schönbuchstraße 48, D-72074 Tübingen.
Alle Rechte vorbehalten.
Lektorat: Julei M. Habisreutinger, München.
Umschlaggestaltung:
Christoph Wöhler, Tübingen,
unter Verwendung von Fotografien
von Rainer Fieselmann.
Druck: Gulde-Druck, Tübingen.
Printed in Germany.

ISBN 978-3-87407-864-1

Besuchen Sie uns im Internet
und entdecken Sie die Vielfalt
unseres Verlagsprogramms:
www.silberburg.de

Inhalt

HERBST UND WINTER   122

Zum Geleit

Wer aufmerksam durch die Natur der Schwäbischen Alb geht, kann an vielen Stellen die Vielfalt der Pflanzen und Tiere bewundern. Und wer dann nach Stunden der Erholung und Wahrnehmung der Natur einkehrt oder erwägt, diesen Tag mit einem guten Gericht in der eigenen Küche abzurunden, wird sich vielleicht an das ein oder andere gesehene Kräutlein erinnern und sich fragen, wie das denn zu verwenden und genießen wäre.

Noch vor einigen Jahren war die Zahl derer, die so dachten, sehr überschaubar. Ich erinnere mich gut daran, als wir in den Siebzigerjahren Wildkräuterwanderungen auf der mittleren Schwäbischen Alb durchführten und mit Teilnehmern aus ganz Deutschland beispielsweise Sauerampfersuppe, Brennnesselspinat (für 20 Personen!) und Schlüsselblumensalat in unseren Gasthofküchen zubereiteten. Und diese Gerichte überzeugen wirklich durch einen vorzüglichen Geschmack! Natürlich waren wir damals »Exoten« und mussten oft lange suchen, nicht nur nach geeigneten Kräuterstandorten, sondern auch, um genug Informationen und Rezepte für unsere »Küchenexperimente« zusammenzubekommen. Heute aber lebt dieses Thema richtig auf.

Deshalb kommt dieses Buch der beiden »Albbewohner« Annegret Müller-Bächtle und Jürgen Autenrieth zur rechten Zeit – und auch vom richtigen Ort! Wildkräutervielfalt und -qualität sind keine Zufälle, sondern sind eng verbunden mit der Landschaft, ihren Böden und Gesteinen und ihrem Klima. Die Alb mit den Kalkscherbenböden und der Mittelgebirgslage bedingt eine hohe Pflanzenvielfalt – bis zu 40 verschiedene Gräser und Kräuter findet man

Unterwegs bei einer Wildkräuterwanderung

gelegentlich auf nur einem Quadratmeter Wacholderheide, und das Wachstum ist oft langsam und »konzentriert« die Inhaltsstoffe.

Wussten Sie, dass zum Beispiel 100 Gramm Schlüsselblumenblätter (*Primula elatior*) etwa 620 Milligramm Vitamin C enthalten? Oder die Blätter der Knoblauchsrauke (*Alliaria officinalis*) gut 340 Milligramm? Hundert Gramm Äpfel der Sorte Golden Delicious dagegen nur etwa acht Milligramm? Selbst Orangen oder Vitamin-C-reiche Apfelsorten wie der Rote Berlepsch enthalten nur etwa 50 Milligramm pro hundert Gramm Frucht. Es scheint

Nach der Wanderung werden die Kräuter in der Küche des Gasthofs »Hermann« unter fachkundiger Anleitung weiterverarbeitet.

also, neben dem Geschmack, weitere gute Gründe für den Einsatz von Wildgemüse und Wildsalaten in der heimischen Küche zu geben!

Diese Angaben zu wertgebenden Inhaltsstoffen und ihren Konzentrationen ließen sich leicht fortführen und sind, was gesundheitsförderliche Substanzen anbelangt, ausreichend in speziellen Werken der Heilpflanzenkunde dokumentiert. Solche Details erspart uns dieses Buch, sondern fasst diese Kenntnisse bei der Beschreibung der jeweiligen Wildpflanzen in kurzen Texten und Auflistungen zusammen – einschließlich Kochrezept und Appetit machenden Bildern! Nicht fehlen dürfen dabei Mythen und Geschichten, die sich gelegentlich um die Wildkräuter ranken und die ein oder andere Namensgebung begründen.

Wildgemüse und Wildsalate, Tinkturen und Tees sind natürlich nur dann gesund für Mensch und Natur, wenn sie genau bekannt sind – die Pflanzen also sicher bestimmt und nicht mit eventuell giftigen Pflanzen verwechselt werden –, und sie nicht von überdüngten Straßenrändern oder ähnlich belasteten Standorten gesammelt werden. Es sind in diesem Buch auch nur Pflanzen genannt, die, kleine Mengen vorausgesetzt, der Natur ohne Gefährdung der Pflanzenart entnommen werden können. Auch der Anbau im eigenen Garten sollte übrigens erwogen werden. Genießen und benutzen Sie diese Wildkräuter und Rezepturen also am besten unter Anleitung oder nach ausführlicher Schulung! Nicht umsonst sind die Autoren dieses Buchs Experten ihres Fachs – und das noch dazu in der so wichtigen Kombination von Gesundheit und Genuss.

Wie es der Zufall so will, konnte ich nach langer Pause in diesem Jahr wieder hie und da an unsere Wildkräuterwanderungen der Siebzigerjahre auf der schönen Schwäbischen Alb anknüpfen. Wahrscheinlich werde ich keine 50-Liter-Säcke mit Brennnesseln mehr sammeln und diese durch Hintertüren in die Restaurantküche schleusen. Aber ich werde jetzt das Büchlein nehmen und mich anregen lassen, was es – saisonal und regional – in Ergänzung zur gewohnten Küche heute oder morgen Genussvolles und Gesundes geben könnte!

In diesem Sinne wünsche ich dem Buch eine weite Verbreitung!

Prof. Roman Lenz
Hochschule für Wirtschaft und Umwelt
Nürtingen-Geislingen

Liebe Leserinnen und Leser

Bei einer Wanderung über die Schwäbische Alb finden Sie Wildkräuter und Wildfrüchte in Hülle und Fülle. Natürlich muss man diese Schätze der Natur auch kennen und erkennen, bevor man sie sammeln und auf den Tisch bringen kann. Nur was der Mensch kennt, schätzt er. Dieser Naturschutzgedanke ist uns sehr wichtig.

Genau dabei möchte Ihnen unser Wildkräuterkochbuch helfen. Und es möchte Ihnen zeigen, wie Sie Genuss und Gesundheit kombinieren können, denn es lassen sich einfach köstliche Gerichte mit den heimischen Wildpflanzen zubereiten. Zugleich erfahren Sie: Gegen fast jedes Leiden ist auf der Schwäbischen Alb ein Kräutlein gewachsen. Und dessen gesundheitliche Wirkung kann man sogar in den unterschiedlichsten Formen genießen – frisch, als Tee und als Essenz. Das wussten schon unsere Vorfahren. Daher richtet sich unser Blick auch auf die kulinarische und medizinische Bedeutung, welche die Pflanzen einstmals hatten. Und nicht selten findet man in den Mythen und Legenden, die sich um die Kräuter ranken, erstaunliche und zuweilen bis heute gültige Weisheiten.

Schon seit vielen Jahren arbeiten wir zusammen, der Küchenmeister und die Heilpraktikerin, und bieten immer wieder Kräuterführungen kombiniert mit Kochkursen an. Der überwältigende Zuspruch unserer Teilnehmerinnen und Teilnehmer ermunterte uns jetzt, unser ganzes Wissen, unsere Erfahrungen und Kochkreationen in diesem Wildkräuterkochbuch zusammenzufassen und Ihnen vorzustellen. Unter anderem möchten wir Sie auch darauf aufmerksam machen, dass viele der hier beschriebenen Pflanzen vor Ihren Augen, ja direkt vor Ihrer Haustür wach-

sen, teils als Gartenunkraut, teils als Wildwuchs an fast allen Wegen, Feldrainen und Waldrändern. Wir führen Ihnen die Vielfalt des Pflanzenreichs vom Frühling bis in den Herbst vor. So haben wir dem Jahreslauf folgend die Wildkräuter und die dazugehörigen Rezepte eingeteilt. Zum Kochen verwenden wir ausschließlich die frischen Blätter, Triebe, Blüten und Wurzeln der Kräuter. Da sich viele Pflanzen ab Mitte August bereits wieder auf die Winterruhe vorbereiten und sich dadurch ihre Inhaltsstoffe und ihr Geschmack ändern, finden Sie in diesem Buch zusätzlich viele Hinweise und Rezepte zur Wildkräuter-Konservierung. So können Sie die Wirkung der Pflanzen auch über den langen Winter hin für Ihre Gesundheit nutzen. Unser Buch endet mit einigen Wildfrüchten, die trotz Frost und Hitze im Kochtopf ihre inneren Werte behalten und ihr delikates Aroma entfalten.

Wir wünschen Ihnen viel Spaß mit unserem Buch, beim Kräutersammeln und Nachkochen der Rezepte! Und falls Sie dies nicht allein, sondern lieber in munterer Gesellschaft und unter sachkundiger Anleitung unternehmen möchten, so heißen wir Sie bei unseren Führungen und Kursen herzlich willkommen!

Annegret Müller-Bächtle
Jürgen Autenrieth

Verheißungsvoll strecken sich
in den ersten Monaten des Jahres
die jungen Wildkräutertriebe
in zartem Grün der Sonne und der
sammelnden Hand entgegen.
Frisch oder gekocht genossen,
vertreiben die Sprossen und Blätter
die Frühjahrsmüdigkeit, schenken
neue Energie und verfeinern dekorativ so manches Gericht.

Frühling

[Bärlauch] *Allium ursinum*

auch Hexenzwiebel, Zigeunerlauch oder Wurmlauch genannt

Saison: Von Februar bis April vor der Blütezeit kann man Bärlauch ernten. Danach zieht der Bärlauch wie viele Zwiebelgewächse die Blätter ein und verschwindet in den Zwiebeln unter der Erde bis zum Frühjahr.

Botanik und Fundort: Bärlauch gehört zur Familie der Amaryllisgewächse (Amaryllidaceae) und ist verwandt mit Schnittlauch, Zwiebel und Knoblauch. Bärlauch gedeiht bevorzugt auf nährstoff- und kalkhaltigen Böden in schattigen Lagen. Besonders gut zu finden ist das Kraut in Buchen- und Mischwäldern.

Inhaltsstoffe und Wirkung: Bärlauch enthält schwefelhaltige ätherische Öle, Alliin und Allicin, Senfölglykoside, Vitamin C, Eisen, Mangan und verschiedene Mineralsalze. Er wirkt harntreibend, reinigend, antiseptisch, abwehrstärkend und leicht blutdrucksenkend. Bärlauch hat laut Erfahrungsheilkunde eine positive Wirkung auf den Cholesterinspiegel, auf Magen, Darm und Leber.

Verwendete Pflanzenteile: Wichtig ist, Bärlauchblätter möglichst ganz frisch zu verwenden und sie roh als Gewürz oder Gemüse zu genießen, dadurch bleibt ihr Geschmack und ihre Wirkung erhalten; durch Erhitzen geht das Vitamin C verloren und die schwefelhaltigen, gesundheitsfördernden Stoffe verringern sich; als Essenz lassen sich die wertvollen Bärlauch-Inhaltsstoffe jedoch konservieren.

Gesundheitsrezept: Für eine *Bärlauchessenz* 2 Handvoll frische, gesäuberte Blätter zerkleinern, in eine Flasche geben und mit einer Mischung aus 1 l Alkohol (Wodka) und 500 ml Wasser übergießen. Diese Mischung 3 Wochen stehen lassen und dann abseihen. 1 bis 3 TL pro Tag davon einnehmen.

Aus dem Volksglauben: Der Name Bärlauch stammt angeblich daher, dass er die erste Nahrung der Bären nach dem Winterschlaf ist. Bereits die Germanen und Kelten sollen das Kraut und seine Heilkraft geschätzt haben. Und die Römer nannten Bärlauch *herba salutaris* – Gesundheitskraut.

Achtung: Bärlauch kann leicht verwechselt werden mit den giftigen Blättern der Herbstzeitlosen oder des Maiglöckchens. Wenn man die Blätter des Bärlauchs jedoch zwischen den Fingern verreibt, steigt sofort das typische Knoblaucharoma auf; daran lässt sich erkennen, dass es sich um Bärlauch handelt und nicht um die oben genannten Pflanzen, die diesen Geruch nicht haben.

KÜCHENTIPP: *Bärlauch ist sehr druckempfindlich und hält sich nur für kurze Zeit frisch. Am besten gibt man das Kraut in eine Plastiktüte, fügt einige Tropfen Wasser hinzu, bläst die Tüte auf und knotet sie zu. Auf diese Weise geschützt, kann man Bärlauch im Gemüsefach des Kühlschranks aufbewahren. Wer Bärlauch einfrieren möchte, sollte ihn in gut verschlossenen Dosen lagern, damit nicht am Ende das ganze Tiefkühlfach nach Bärlauch duftet.*

■ Wildkräuter-Bärlauch-Pesto (à la Autenrieth)

Zutaten für 1 Einmachglas à 200 ml

10 g	*Knoblauchsraukenblätter*
5 g	*Spitzwegerichblätter*
2 g	*Brennnesselblätter*
5 g	*Löwenzahnblätter*
20 g	*Bärlauchblätter*
1–2	*Schalotten oder 1 kleine Zwiebel*
100 ml	*Sonnenblumenöl*
	Salz
	Pfeffer aus der Mühle
40 g	*gemahlene Haselnüsse oder*
	Macadamianüsse

Zubereitung

1. Die Kräuterblätter waschen, trocken tupfen und klein schneiden. Die Schalotten oder die Zwiebel schälen und in feine Würfel schneiden.

2. In einer Pfanne etwa 1 EL Öl erhitzen und die Schalotten oder Zwiebeln darin andünsten, die Kräuter dazugeben und leicht mit andünsten. Mit Salz und Pfeffer würzen.

3. Die Kräutermasse mit den Nüssen und dem restlichen Sonnenblumenöl im Blitzhacker fein mixen. In sterilisierte Gläser füllen und kühl lagern. So hält das Pesto 3 bis 4 Wochen.

TIPP: *Wer will, kann das Pesto zum Schluss mit 4 EL geriebenem Schabziger- oder Albkäse verfeinern.*

■ Bärlauchcremesuppe mit Dinkelcroûtons

Zutaten für 5 Personen

1	*Handvoll Bärlauch (ca. 30 Blätter)*
1	*Zwiebel*
70 g	*Butter*
	Salz
	frisch geriebene Muskatnuss
30 g	*Mehl*
800 ml	*Gemüse- oder Fleischbrühe*
200 g	*Sahne*
1	*Scheibe Dinkelbrot*

Zubereitung

1. Die Bärlauchblätter waschen, trocken tupfen und klein schneiden. Die Zwiebel schälen und in feine Würfel schneiden.

2. In einem Topf zwei Drittel der Butter erhitzen und die Zwiebeln darin andünsten. Die Bärlauchblätter dazugeben und mit andünsten. Mit Salz und Muskatnuss würzen.

3. Das Mehl darüberstäuben und die Brühe dazugießen. Die Suppe bei mittlerer Hitze etwa 15 Minuten köcheln lassen. Dann die Sahne unterrühren. Mit dem Pürierstab sämig mixen und nach Bedarf durch ein Sieb streichen.

4. Das Dinkelbrot in Würfel schneiden. Die restliche Butter in einer Pfanne erhitzen und die Croûtons darin goldgelb anrösten.

5. Die Suppe auf vorgewärmte Teller verteilen und mit den Croûtons bestreut servieren.

■ Gefüllte Lammschulter mit Bärlauch und Rosmarin

Zutaten für 5 Personen

1	*Lammschulter (1,2–1,5 kg)*
	Salz
	Pfeffer aus der Mühle

Für die Füllung:

500 g	*altbackene Brötchen*
200 ml	*Milch*
1	*Zwiebel*
50 g	*durchwachsener Speck*
50 g	*Butter*
10	*Bärlauchblätter*
5	*Stiele Rosmarin*
3	*Eier*
	Salz
	frisch geriebene Muskatnuss
200 ml	*Rotwein*
200 ml	*Gemüse- oder Fleischbrühe*

Zubereitung

1. Die Lammschulter von Knochen und Sehnen befreien, Frischhaltefolie darauflegen, mit dem Fleischklopfer flach klopfen und beiseitestellen.

2. Für die Füllung die Brötchen in Würfel schneiden. Die Milch in einem Topf erhitzen und über die Brötchen gießen.

3. Die Zwiebel schälen und mit dem Speck in feine Würfel schneiden. Die Butter in einer Pfanne erhitzen und die Zwiebeln und den Speck darin andünsten.

4. Den Bärlauch und den Rosmarin waschen, trocken tupfen, die Bärlauchblätter klein hacken. Die Rosmarinstiele zur Seite legen. Den Backofen auf 175 °C vorheizen.

5. Die Eier zu den Brötchen geben. Mit den Zwiebeln, dem Speck und dem Bärlauch mischen. Die Füllung mit Salz und Muskatnuss würzen. Die Lammschulter mit Salz und Pfeffer würzen.

6. Die Füllung auf die Lammschulter streichen. Das Fleisch samt Füllung zusammenrollen, mit einer Bratenschnur umwickeln und in einen Bräter setzen, dabei die Rosmarinstiele darauflegen.

7. Das Fleisch im vorgeheizten Backofen 50 bis 60 Minuten garen, dabei mehrmals mit der Brühe und dem Rotwein übergießen.

TIPP: *Nach dem Garen das Lamm etwa 30 Minuten ruhen lassen, so bleibt der Saft im Fleisch. Als Beilage passt besonders gut das Zucchini-Radieschen-Gemüse (siehe nebenstehendes Rezept).*

■ Zucchini-Radieschen-Gemüse mit Frühlingszwiebeln

Zutaten für 5 Personen

3	*Zucchini (ca. 600 g)*
1	*Bund Frühlingszwiebeln*
1	*Bund Radieschen*
2	*Schalotten*
1	*Knoblauchzehe*
je 5	*Stiele Basilikum, Knoblauchsrauke, Majoran, Wilder Salbei*
80 g	*Butter*
	Salz
	Pfeffer aus der Mühle

Zubereitung

1. Die Zucchini waschen, putzen und in Würfel oder Scheiben schneiden. Die Frühlingszwiebeln und Radieschen putzen und waschen. Die Frühlingszwiebeln in feine Ringe schneiden, die Radieschen vierteln.

2. Die Schalotten und den Knoblauch schälen und in feine Würfel schneiden. Die Kräuter waschen und trocken tupfen. Die Blätter abzupfen und klein hacken.

3. Die Butter in einer Pfanne erhitzen und die Schalotten und den Knoblauch darin andünsten. Zuerst die Zucchiniwürfel dazugeben und mit andünsten, dann die Frühlingszwiebeln und die Radieschen und ebenfalls mit andünsten.

4. Das Gemüse mit Salz und Pfeffer würzen. Zum Schluss die Kräuter hinzufügen.

[Brennnessel]

Urtica dioica (Große Brennnessel),
Urtica urens (Kleine Brennnessel)

auch Donnernessel, Habernessel, Hanfnessel,
Gichtrute, Teufelskraut, Feuerkraut genannt

Saison: Brennnesselblätter kann man das ganze Jahr über ernten, wobei immer die obersten 10 Zentimeter der Triebspitzen abgezupft werden sollten. Im Mai und Juni sind der Geschmack und das Brennen der Brennnesseln am intensivsten. Die Wurzeln können von Frühjahr bis in den Herbst ausgegraben werden.

Botanik und Fundort: Die Brennnessel gehört zur Familie der Nesselgewächse (Urticaceae) und wächst gern auf stickstoffreichen, nicht zu trockenen Böden in halbschattigen Lagen. Aufgrund ihrer geringen Ansprüche an Boden und Umwelt ist sowohl die sogenannte Große Brennnessel als auch die Kleine Brennnessel in unseren Breiten fast überall zu finden.

Inhaltsstoffe und Heilwirkung: Brennnesseln enthalten Chlorophyll, Karotinoide, Flavonoide, Histamin und Serotonin, Ameisen- und Essigsäure, Kalium, Kalzium, Eisen, Silizium, Vitamin C und B-Vitamine. Sie sind ein Allheilmittel und gehören in jede Hausapotheke. Äußerlich wirken Brennnesseln, wie jeder weiß, hautreizend, aber auch durchblutungsfördernd, innerlich stoffwechselanregend, harntreibend, adstringierend, schleimlösend, stärkend und blutreinigend. Ein Tee aus den Blättern hilft bei allen Haut-, Nieren-, Blasen- und Prostataleiden. Und als Zumischung in Hustentees verschaffen Brennnesselblätter Linderung bei Bronchitis. Als Kurpflanze liefert die Brennnessel im Frühjahr viele Vitamine und Mineralstoffe, entgiftet den Körper und kurbelt den Stoffwechsel an. Nesselsamen sind ein hervorragendes Tonikum für Jung und Alt, weil die Nessel auf die Geschlechtsorgane sowohl bei Männern als auch bei Frauen wirkt. Bei Eisenmangelerscheinungen helfen Brennnesseln dem Körper, das wichtige Spurenelement wieder besser aufzunehmen. Ins Futter gemischt, können sie auch zur Gesunderhaltung und Kräftigung von Tieren beitragen.

Verwendete Pflanzenteile: Brennnesselblätter, -wurzeln und -früchte kann man als nussartig schmeckende Ergänzung im Salat verwenden. Besonders die jungen Blätter schmecken als Salat oder Gemüse hervorragend. Wer keinen Tee trinken mag, versucht es am besten mit den leckeren Brennnesselgerichten, die der Gesundheit ebenfalls förderlich sind.

Gesundheitsrezept: Für eine *Brennnesselessenz* 1 Handvoll gewaschene und sehr fein gehackte Wurzeln mit Alkohol völlig bedecken, in der Wärme 14 Tage ziehen lassen und dann abfiltern. Mit dieser Tinktur täglich die Kopfhaut massieren. Besser noch ist die Wirkung, wenn die Essenz zu gleichen Teilen mit den Wurzeln der großen Klette vermischt wird. Die Brennnesselessenz stärkt die Haarwurzeln und ist daher ein gutes Tonikum bei Haarausfall.

Aus dem Volksglauben: Einst vermutete man in der Brennnessel den Sitz eines dämonischen Wesens und glaubte, dass sich an den Stellen, an denen Brennnesseln wachsen, die geheimen Eingänge zu den Erdgeister-Wohnungen befänden. Noch heute spüren Wünschelrutengänger an den Plätzen, die das »magische Reis« (die Wünschelrute) ausschlagen lassen, Orte auf, an denen häufig der Blitz einschlägt; daher trägt die Brennnessel auch den Namen Donnernessel. Dies bestätigt auch der Brauch, Brennnesseln ins Herdfeuer zu legen, damit der Blitz nicht einschlägt. Beim Bierbrauen sorgte bei schwülem Wetter der Wirkstoff in den Brennhaaren dafür, dass das Ethanol sich nicht zu Essigsäure umwandelte und das Bier sauer machte.

KÜCHENTIPP: *Die Brennnesseln sollten gewaschen werden, damit die Brennflüssigkeit verschwindet. Das Wellen mit dem Nudelholz erweicht die Blatt- und Stängelstrukturen.*

■ Brennnessel-Salbei-Salat mit Weintrauben

Zutaten für 5 Personen

150 g	*Brennnesseltriebe und -blätter*
4	*Stiele Salbei*
2 EL	*Butter*
50 g	*Kürbiskerne*
	Salz
	Pfeffer aus der Mühle
1 TL	*Honig*
25 ml	*Haselnussöl*
30 ml	*fruchtiger Weinessig*
	(ersatzweise Pfirsich- oder Himbeeressig)
60 g	*Gemüsebrühe*
	Rote Basilikumblätter

Zubereitung

1. Die Brennnesseltriebe an den Stängeln festhalten und etwa 2 bis 3 Sekunden in kochendes Wasser halten, um die Brennhaare zu zerstören. Dann in kaltem Wasser abschrecken. Die Triebe und Blätter abzupfen und einen Teil der Blätter in feine Streifen schneiden, den anderen Teil auf dem Teller auslegen.

2. Den Salbei waschen und trocken tupfen, die Blätter und die Blüten abzupfen.

3. Die Butter in einer Pfanne erhitzen und die Kürbiskerne darin anrösten. Salz und Pfeffer dazugeben. Den Honig und das Haselnussöl hinzufügen, den Essig, die Gemüsebrühe, die Brennnesselstreifen und die Salbeiblätter unterrühren.

4. Die Basilikumblätter waschen, trocken tupfen und auf den Brennnesselblättern anrichten, mit der warmen Marinade beträufeln und mit den Salbeiblüten garniert servieren.

■ Schnecken mit Brennnesselsauce*

Zutaten für 6 Personen

48	küchenfertig vorbereitete (Alb-)Schnecken
200 ml	Schneckenbrühe (ersatzweise Geflügel- oder Kalbsbrühe)
1	Glas guter trockener Weißwein
1–2	Knoblauchzehen
350 g	Brennnesseln
75 g	Butter in Flocken
	frisch geriebene Muskatnuss
	Salz
	Pfeffer aus der Mühle

Zubereitung

1. Die Schnecken in Schneckenbrühe etwa 5 Minuten vorgaren, durch ein Sieb abgießen, dabei von der Kochbrühe 200 ml auffangen. Die Schnecken in der verbliebenen Brühe warm halten (bei Konservenware die Schnecken abgießen, die Brühe auffangen und die Schnecken in der Brühe erwärmen).

2. In einem Topf die abgemessene Kochbrühe mit dem Weißwein aufkochen, den Knoblauch schälen und mit dem Handballen andrücken. Den Knoblauch in die Brühe geben und alles mindestens auf die Hälfte reduzieren.

3. Inzwischen die Brennnesseln waschen und die Blätter von den Stielen zupfen (möglichst junge Pflanzen verwenden, dann können die oberen Stiele mit verwendet werden!). Die Brennnesselblätter in einen Topf mit Salzwasser geben und erhitzen. Sobald das Wasser kocht, die Brennnesseln vom Herd nehmen und sofort in ein Sieb abgießen. Die Brennnesseln mit dem Pürierstab fein mixen und durch ein Sieb streichen.

4. Das Brennnesselpüree unter die Wein-Brühe-Reduktion rühren und erneut etwas einkochen lassen. Die Schnecken nochmals erwärmen. Die Brennnesselsauce mit den Butterflocken aufschlagen, mit Muskatnuss, Salz und Pfeffer würzen.

5. Die Schnecken auf vorgewärmten Tellern mit der Sauce anrichten und sofort servieren. Dazu Weißbrot (oder schwäbisches Holzofenbrot) reichen.

Rezept nach Roman Lenz

■ Brennnesselsuppe mit Rote-Beete-Chips

Zutaten für 5 Personen

100 g	Brennnesseln (ca. 3 Handvoll)
1	kleines Bund Petersilie
100 g	Schalotten
50 g	Butter
30 g	Mehl
50 ml	trockener Riesling
800 ml	Gemüsebrühe
	Salz
	frisch geriebene Muskatnuss
200 g	Sahne
30 g	Macadamianüsse
1	Rote-Bete-Knolle
	Frittierfett zum Ausbacken

Zubereitung

1. Die frisch gepflückten Brennnesseln (mit Handschuhen) entstielen oder mit dem Nudelholz bearbeiten (siehe Tipp Seite 19), die Blätter in kaltem Wasser waschen und trocken tupfen. Die Petersilie ebenfalls waschen und trocken tupfen. Die Blätter abzupfen und mit den Brennnesselblättern klein schneiden. Die Schalotten schälen und in feine Würfel schneiden.

2. Die Butter in einer Pfanne erhitzen, die Schalottenwürfel darin andünsten, die Brennnesseln und die Petersilie hinzufügen und mit andünsten. Das Mehl darüberstäuben und den Wein und die Gemüsebrühe dazugießen. Mit Salz und Muskatnuss würzen.

3. Die Sahne unterrühren und die Suppe 5 bis 10 Minuten köcheln lassen. Anschließend mit dem Pürierstab mixen und durch ein grobes Sieb passieren.

4. Die Macadamianüsse mahlen und in einer Pfanne ohne Fett kurz rösten. Die Rote Bete (mit Handschuhen) schälen und in feine Scheiben oder Stifte schneiden. Frittierfett in einer Pfanne erhitzen und die Rote-Bete-Scheiben darin knusprig backen.

5. Die Suppe auf vorgewärmte Teller verteilen und mit den Nüssen und den Rote-Bete-Chips bestreut servieren.

[Giersch] *Aegopodium podagraria*

auch Erdholler, Dreiblatt, Geißfuß
oder Zipperleinskraut genannt

Saison: Die Sammelzeit der Gierschblätter erstreckt sich über die ganze Vegetationszeit. Auch die Blüten, die sich von Juni bis August entfalten, sind essbar.

Botanik und Fundort: Giersch gehört zur Familie der Doldenblütler (Apiaceae) und wächst bevorzugt auf nährstoffreichem Boden im Schatten bis Halbschatten. Giersch ist ein sehr weit verbreitetes und kaum beherrschbares »Gartenunkraut«. Man findet es auch in Wäldern, Hecken und Gebüschen.

Inhaltsstoffe und Heilwirkung: Giersch enthält Eisen, Kupfer, Mangan, Kalium, Kaffeesäure und ätherisches Öl, gilt als »Vitamin-C-Bombe« und wirkt entzündungshemmend, entgiftend, blutreinigend und harntreibend. Als Teeaufkochung hilft Giersch bei Gicht, dies zeigt sich auch in seinem lateinischen Namen *Aegopodium podagraria* (Gicht = Podagra). In der Naturheilkunde werden zerdrückte Gierschblätter zur Linderung auf Gichtknoten gelegt. Giersch gehört zu den Frühjahrskurkräutern und bringt mit seinen Inhaltsstoffen den gesamten Stoffwechsel auf Trab. Außerdem kann das Kraut gegen rheumatische Beschwerden und zur Vorbeugung von Schlaganfällen eingesetzt werden.

Verwendete Pflanzenteile: Die jungen Blätter und Sprossen können roh im Salat gegessen oder wie Spinat als Gemüse zubereitet werden, sie eignen sich aber auch zum Verkochen in der Suppe. Da Giersch immer wieder frisch austreibt, kann man fast das ganze Jahr über die frischen Blätter verwenden.

Aus dem Volksglauben: Der Volksname Zipperleinskraut kommt vermutlich daher, dass der Giersch einst für so manches »Zipperlein« verwendet wurde. Der Name Aegopodium leitet sich aus dem Griechischen ab und soll auf die ziegenfußähnlichen Blätter des Giersch hindeuten.

Achtung: Giersch darf nicht mit dem giftigen gefleckten Schierling oder dem auf den Wiesen vorkommenden Wiesenkerbel verwechselt werden! Letzterer blüht im Frühjahr deutlich früher als der Giersch; zu dieser Zeit sind am Giersch noch keine Blüten sichtbar. Zwei deutliche Erkennungsmerkmale besitzt das Gierschkraut: einen stark petersilienähnlichen Geruch und einen dreieckigen Blattstielquerschnitt.

■ Kartoffel-Radieschen-Salat mit Giersch

Zutaten für 5 Personen

1 kg	festkochende Kartoffeln
1	Zwiebel
70 g	Gierschblätter
6	Radieschen
350 ml	Fleischbrühe
	Salz
	Pfeffer aus der Mühle
	Zucker
1	TL Senf
40 ml	dunkler Kräuteressig
40 ml	Sonnenblumenöl

Zubereitung

1. Die Kartoffeln waschen und in reichlich Salzwasser etwa 30 Minuten weich kochen. Abgießen, pellen und lauwarm in feine Scheiben schneiden.

2. Die Zwiebel schälen und in feine Würfel schneiden. Die Gierschblätter und die Radieschen waschen, die Radieschen in Scheiben, die Gierschblätter in Streifen schneiden.

3. Die Fleischbrühe erhitzen. Die Zwiebeln unter die Kartoffeln mischen. Mit Salz, Pfeffer, 1 Prise Zucker, Senf und Essig würzen. Die heiße Brühe darübergießen und alles gut mischen. Zum Schluss die Radieschen, die Gierschblätter und das Öl unterheben.

TIPP: *Wird das Öl als letzte Zutat unter den Kartoffelsalat gemischt, dann wird er schön »schlonzig«, das heißt der Kartoffelsalat »schwätzt«, wie der Schwabe sagt.*

[Hirtentäschel] *Capsella bursa-pastoris*

auch Beutelschneiderkraut, Hellerkraut, Frühlingsblume, Gänsekresse, Bauernsenf genannt

Saison: Das Hirtentäschelkraut blüht nahezu das ganze Jahr über, die Sammelzeit geht jedoch von Mai bis August.

Botanik und Fundort: Hirtentäschel gehört zur Familie der Kreuzblütengewächse (Brassicaceae) und wächst weit verbreitet auf den meisten Böden. Es kommt fast überall als Unkraut auf bebauten und gut gedüngten Feldern und Weiden vor.

Inhaltsstoffe und Heilwirkung: Hirtentäschel enthält Gerbstoffe, Flavonoide, Histamin, Cholin, Acetylcholin, ätherisches Öl, Saponine sowie Vitamin C. Es reguliert den Blutdruck, wirkt blutstillend und adstringierend auf Haut und Schleimhaut und unterstützt Darm, Leber und Galle. Als Heilpflanze wird Hirtentäschel bei allen Wunden, Verletzungen und Blutungen eingesetzt, vor allem auch im Bereich der Frauenheilkunde bei Zwischenblutungen, starken Blutungen und Blutungen mit kolikartigen Schmerzen. Auch bei Nasen- und Zahnfleischbluten oder bei Aphthen im Mundbereich helfen seine Inhaltsstoffe.

Verwendete Pflanzenteile: Das ganze Kraut kann verwendet werden, als Tee oder Essenz und auch als Gewürz im Salat, hierzu sind vor allem die Früchte geeignet, die wie kleine Taschen aussehen.

Gesundheitsrezepte: Für eine *Hirtentäschelessenz* 20 g Pflanzen mit 100 ml Wodka übergießen und 10 Tage in der Wärme stehen lassen, dann abseihen und in einer dunklen Flasche stehen lassen, pro Tag kann man 3-mal 15 Tropfen bei Krämpfen oder Blutungen einnehmen. Eine *Hirtentäscheltinktur* mit gleicher Wirkung wird aus dem getrockneten Kraut hergestellt. Blutet man unterwegs, kann man einfach das frische Kraut als Wundauflage verwenden oder auch den aus der frischen Pflanze gepressten Saft in ein blutendes Nasenloch streichen. In Wein gekochtes Hirtentäschelkraut hilft bei Mund- und Zahnfleischproblemen.

Aus dem Volksglauben: Zahnenden Kindern wurde Hirtentäschel in einem rotseidenen Tuch um den Hals gebunden. Schafe wurden auf dieselbe Weise geschützt, damit der Wolf sie nicht sieht. Kinder sollten die ersten Hirtentäschelblüten des Jahres essen, damit sie nicht krank werden.

Achtung: Hirtentäschelkraut nicht bei Durchfällen und während der Schwangerschaft anwenden!

KÜCHENTIPP: *Im Frühjahr kann man das ganze Kraut mit den Blüten im Salat genießen. Im Lauf des Jahres können auch die abgezupften Früchte verwendet werden, die ein wunderbar nussiges Aroma besitzen.*

■ Tafelspitz auf Hirtentäschel-Frühlingssalat mit Apfel-Nuss-Dressing

Zutaten für 4 Personen

250 g *gekochter Tafelspitz oder Siedfleisch*

Für den Frühlingssalat:
30 *Sauerampferblätter*
je 1 *Handvoll Portulak und Rucola*
20 *Bärlauchblätter*
30 *junge Löwenzahnblätter*
20 *Hirtentäschelblätter*
20 *Hirtentäschelblüten*
1 *Bund Radieschen*

Für das Apfel-Nuss-Dressing:
2 *Schalotten*
1 *kleiner Apfel*
30 g *gemahlene Macadamianüsse*
50 ml *Apfelessig*
75 ml *Gemüsebrühe*
1/2 TL *würziger Senf*
Salz
Pfeffer aus der Mühle
1 *TL Honig*
40 ml *Olivenöl*
40 ml *Nussöl*

Zubereitung

1. Den gekochten Tafelspitz oder das Siedfleisch in dünne Scheiben schneiden.

2. Sauerampfer, Portulak, Rucola, Bärlauch und Löwenzahn waschen, trocken schütteln und die Blätter in mundgerechte Stücke zupfen. Die Hirtentäschelblätter und -blüten waschen und trocken tupfen. Die Blätter klein schneiden. Die Radieschen putzen, waschen und in feine Streifen schneiden.

3. Für das Apfel-Nuss-Dressing die Schalotten schälen und in feine Würfel schneiden. Den Apfel schälen, vom Kerngehäuse befreien und fein reiben. Die Macadamianüsse in einer Pfanne ohne Fett rösten.

4. Den Essig mit der Gemüsebrühe, Senf, Salz, Pfeffer und Honig verrühren, die Schalotten, den geriebenen Apfel, die Nüsse und die Hälfte der Hirtentäschelblätter untermischen. Zum Schluss die Öle unter die Vinaigrette schlagen.

5. Die Salatblätter dekorativ auf Teller verteilen, die Tafelspitzscheiben vor den Salat legen und mit den Radieschen und den restlichen Hirtentäschelblättern bestreuen. Das Dressing über den Salat träufeln und mit den Hirtentäschelblüten garniert servieren.

[Schwarzer Holunder] *Sambucus nigra*

auch Hollerbusch, Holderbusch,
Altholder, Holderstock genannt

Saison: Die Blätter des Holunders erscheinen im März und April. Die Blütezeit der Blütendolden beginnt im Mai und dauert bis Juli. Im August und September beginnen die schwarzen Beerenfrüchte zu reifen.

Botanik und Fundort: Holunder gehört zur Familie der Geißblattgewächse (Caprifoliaceae) und wird als Strauch bis zu 8 Meter hoch. Er ist weit verbreitet und gehört zu den Pflanzen, die gern in der Nähe des Menschen zu finden sind. Meist siedelt sich Holunder selbst in Gärten an. Es gibt in höheren Lagen (Schwäbische Alb und Alpen) auch den Roten Holunder, dessen Beeren ohne die Kerne zu einer wohlschmeckenden Marmelade verarbeitet werden. Hier geht es jedoch um den Schwarzen Holunder.

Inhaltsstoffe und Heilwirkung: Holunder enthält Rutin, ätherisches Öl, Gerbstoffe, Schleimstoffe, Cholin, Saponin, Säuren, Glykoside, Flavonoide, Vitamine und Mineralien und unterstützt daher besonders das Immunsystem. Die Blätter wirken blutreinigend wie alle Pflanzen, die die Ausscheidung über die Nieren anregen.

Verwendete Pflanzenteile: Holunderblüten liefern den idealen Schwitztee bei Erkältungen. Die Blätter, als Tee getrunken, helfen gegen Nieren- und Blasenerkrankungen, da die Harnausscheidung angeregt wird. Deshalb Vorsicht bei Herzerkrankungen und bestehenden schweren Nierenerkrankungen! Auch in Hustenteemischungen macht sich die wohltuende Wirkung des Holunders bemerkbar. Kinder trinken den wohlschmeckenden Blütentee zumeist sehr gern. Die rohen Holunderbeeren sind leicht giftig und verursachen Brechreiz und Durchfall. Deshalb nur gekocht als Sirup oder Marmelade verzehren! Rinde und Wurzeln, die man früher ebenfalls verwendete, enthalten viele Gerb-stoffe, die zum Beispiel bei Durchfällen sehr geschätzt waren. Heutzutage verwendet man zumeist nur noch die Blüten und Blätter und im Herbst die Früchte. Aus den Blüten kann man Holunderküchlein backen, die Früchte lassen sich ebenfalls vielfältig verwenden (siehe Rezepte Seite 143 bis 145).

Gesundheitsrezepte: Für einen *Holunderblütensaft* einige saubere Blütendolden in heißem Wasser ziehen lassen, nach Belieben Zucker und Zitronenscheiben dazugeben. Nach 1 Tag herausnehmen und mit Apfelsaft, Mineralwasser oder Sekt aufgießen. Dies ergibt ein erfrischendes und prickelndes Getränk. Für einen *Holunderblütenessig* frische saubere Blüten mit Weinessig übergießen und 14 Tage in der Sonne stehen lassen, danach abseihen und über die vielfältigen Kräutersalate gießen und genießen! Für eine *Holunderheilsalbe* gegen Hämorrhoiden, Prellungen und Wunden: 3 Teile grüne Blätter, 4 Teile Schweineschmalz und 2 Teile Nierenfett langsam 5 bis 10 Minuten erhitzen, bis die Blätter die Farbe verlieren, dann durch ein Leinentuch abseihen, in ein sauberes Gefäß füllen und kühl stellen. Für einen *Holunderblütensirup* 5 bis 7 Blütendolden auf 1 l Wasser oder eine Mischung aus 0,5 l Wasser und 0,5 l Weißwein geben, 1 unbehandelte Zitrone in Scheiben und etwa 500 g Gelierzucker hinzufügen. Die Mischung einen Tag stehen lassen, anschließend abseihen und nach Packungsanweisung des Zuckers einige Minuten kochen lassen. Dann den Sirup in Gläser heiß einfüllen und verschließen. Er hält sich gut wie Marmelade.

Aus dem Volksglauben: Holunder gehört zu den Schutzpflanzen: Frauen brachten einst ihre Neugeborenen zur Erdgöttin unter dem Holunderbusch, baten sie um gute Aufnahme und machten ihr Geschenke. War der Riegel der Stalltür aus Holunderholz geschnitzt, sollte dem Vieh kein Leid geschehen. Die Nachgeburt der Kuh nach dem ersten Kalb musste unter einem Holunder vergraben werden, damit die Kuh viel Milch gab. Gegen Maulwürfe steckte man Holunderzweige in die Erde. Der Holunderstrauch durfte nicht gestutzt und umgehauen werden, da sonst Unglück drohte. Holunder am Haus sollte Wohlstand verleihen. Aber auch im Sterben war der Holunder ein Begleiter des Menschen: Das Maß für den Sarg wurde früher mit einem Holunderstock genommen. Und aus Holunderästen gefertigte Flöten konnten Geistwesen herbeirufen.

___

KÜCHENTIPP: *Die Holunderblüten möglichst nicht waschen. Am besten trocken ausschütteln, um sie von Insekten zu befreien, dann weiterverarbeiten. Wenn die Blüten um die Mittagszeit bei Sonnenschein gepflückt werden, schmecken sie am aromatischsten.*

■ Holunderblüten-Vinaigrette

Zutaten für 10 Personen (ca. 700 ml)

1	*Zwiebel*
120 ml	*Holunderblütenessig* (siehe Rezept Seite 33)
250 ml	*Gemüse- oder Geflügelbrühe* *Salz* *Pfeffer aus der Mühle*
1 TL	*Akazienhonig*
150 ml	*Olivenöl*
150 ml	*Sonnenblumenöl*

Zubereitung

1. Die Zwiebel schälen und in feine Würfel schneiden. Mit dem Holunderblütenessig und der Brühe in ein Mixgefäß geben. Mit Salz, Pfeffer und Honig würzen.

2. Die Öle dazugeben und alles mit dem Pürierstab leicht schaumig aufrühren.

___

TIPP: *Vor allem für Frühlingssalate ist diese Vinaigrette bestens geeignet.*

Rote-Bete-Apfel-Salat mit Frühlingszwiebeln und Holunderblüten-Vinaigrette

Zutaten für 5 Personen

2	Rote-Bete-Knollen
2	Äpfel
15 ml	Apfelessig
	Saft von ½ Zitrone
	Salz
	Pfeffer aus der Mühle
1 TL	Honig
20 ml	Sonnenblumenöl
2	Bund Frühlingszwiebeln
15	Rispen Johannisbeeren
20	Rote-Bete-Blätter
20	Blutampferblätter
10 EL	Holunderblüten-Vinaigrette (siehe Rezept links)

Zubereitung

1. Die Rote-Bete-Knollen waschen, (mit Handschuhen) schälen und auf der Gemüsereibe fein raspeln. Die Äpfel waschen, vierteln, das Kerngehäuse entfernen und ebenfalls fein raspeln.

2. Den Apfelessig mit Zitronensaft, Salz, Pfeffer und Honig verrühren, das Öl unterheben und die Marinade mit den Roten Beten und den Äpfeln vermischen.

3. Die Frühlingszwiebeln putzen, waschen, das Grün längs zweimal aufschneiden. Die Johannisbeeren waschen, trocken tupfen, teils von den Rispen streifen, ein paar Rispen zur Deko beiseitelegen.

4. Die Rote-Bete- und Blutampferblätter waschen, trocken tupfen und

5. dekorativ auf Tellern auslegen, mit der Holunderblüten-Vinaigrette beträufeln und den Rote-Bete-Apfelsalat darauf anrichten. Mit den Frühlinszwiebeln, den Johannisbeeren und den Johannisbeerrispen garniert servieren.

■ Bayrisch Creme mit Holunderblüten

Zutaten für 8–10 Personen

7	*Blatt Gelatine*
1/2	*Vanilleschote*
5	*Holunderblütendolden*
500 ml	*Milch*
4	*Eigelb*
120 g	*Zucker*
2 cl	*Holunderblütensirup (siehe Rezept Seite 33)*
500 g	*Sahne*

Zubereitung

1. Die Gelatine in kaltem Wasser einweichen. Das Mark aus der Vanilleschote kratzen. Die Holunderblüten ausschütteln oder kurz abbrausen und klein zupfen. Die Milch bei mittlerer Hitze erwärmen, die Vanilleschote und die Blüten hinzufügen, etwas darin ziehen, danach abkühlen lassen.

2. Die Eigelbe mit dem Zucker und dem Vanillemark über dem heißen Wasserbad cremig schlagen. Die Vanilleschote und die Holunderblüten durch ein Sieb passieren. Die Milch mit dem Sirup unter die Eigelb-Crememasse rühren. Die Masse zur Rose aufschlagen, das heißt so lange schlagen, bis sie fest wird. Zum Test einen Holzlöffel in die Masse tauchen, wieder herausziehen und darüber blasen: Entsteht die Form einer Rose, so hat die Creme die richtige Festigkeit.

3. Die Gelatine ausdrücken, kurz erhitzen, damit sie flüssig wird, dann unter die Creme ziehen. Die Creme über dem kalten Wasserbad schlagen, bis sie abgekühlt ist. Die Sahne steif schlagen und unter die Creme ziehen.

4. Die Dessertförmchen kalt ausspülen, die Crememasse einfüllen und etwa 5 Stunden kühl stellen. Vor dem Servieren auf Dessertteller stürzen.

■ Holunderblüten-Panna-cotta mit Waldmeistergelee

Zutaten für 6 Personen

Für die Panna cotta:

10–15	Holunderblütendolden
1	Vanilleschote
100 g	Zucker
750 g	Sahne
5	Blatt Gelatine

Für das Gelee:

125 ml	trockener Weißwein (z. B. Grauer Burgunder)
25 g	Zucker
3	Blatt Gelatine
5	Stiele Waldmeister

Zubereitung

1. Für das Gelee die Waldmeisterblüten waschen, trocken tupfen und abzupfen. Die Gelatine in kaltem Wasser einweichen. In einem Topf Weißwein und Zucker aufkochen, den Waldmeister dazugeben und etwa 30 Minuten darin ziehen lassen. Die Gelatine unterrühren und die flüssige Waldmeistermasse in Dessertförmchen nur bodendeckend ausgießen und kalt stellen.

2. Für die Panna cotta die Holunderblüten gründlich ausschütteln und klein zupfen. Mit der Vanilleschote, dem Zucker und der Sahne in einen Topf geben, kurz aufkochen, dann 30 Minuten ziehen lassen. Die Gelatine in kaltem Wasser einweichen.

3. Die Vanilleschote herausnehmen. Die eingeweichte Gelatine im lauwarmen Sahnegemisch auflösen. Die Masse auf das inzwischen fest gewordene Waldmeistergelee geben.

4. Die Panna cotta auf Desserttellern mit dem Waldmeistergelee anrichten und nach Belieben mit Holunder- und Waldmeisterblüten dekoriert servieren.

■ Gebackene Holunderblüten

Zutaten für 5 Personen

10	Holunderblütendolden
250 g	Mehl
250 ml	trockener Weißwein
2	Eier
20 ml	Öl
15 g	Zucker
	Salz
	abgeriebene Schale von 1 unbehandelten Zitrone
	Frittierfett
	Puderzucker zum Bestäuben

Zubereitung

1. Die Holunderblüten kurz mit kaltem Wasser abbrausen und trocken tupfen.

2. Das Mehl mit dem Weißwein verrühren. Die Eier trennen, die Eigelbe unter den Teig rühren und die Eiweiße steif schlagen.

3. Öl, Zucker, eine Prise Salz und die Zitronenschale unter den Teig rühren, dann das steife Eiweiß unterheben. Die Blüten nacheinander durch den Teig ziehen.

4. Fett in einer Fritteuse erhitzen und die Blüten darin goldbraun ausbacken. Herausnehmen, auf Küchenpapier abtropfen lassen und mit Puderzucker bestäuben. Am besten noch heiß mit Vanillesauce oder Vanilleeis servieren.

TIPP: *Die Holunderblüten erst kurz vor der Verarbeitung ernten, damit die Blüten besser am Stängel bleiben und nicht braun werden.*

[Knoblauchsrauke] *Alliaria petiolata*

auch Knoblauchskraut, Knoblauchhederich oder Lauchkraut genannt

Saison: Die Sammelzeit der Blätter und Blütenknospen der Knoblauchsrauke geht von März bis April.

Botanik und Fundort: Die Knoblauchsrauke gehört zur Familie der Kreuzblütengewächse (Brassicaceae) und gedeiht auf nährstoffreichen, feuchten und lockeren Böden in halbschattiger Lage. Sie findet sich oft in der Nähe von Brennnesseln in Gebüschen, Hecken oder Gärten und auf Schuttplätzen.

Inhaltsstoffe und Heilwirkung: Die Knoblauchsrauke enthält Senfölglykoside, Saponin, ätherische Öle, Karotin, Provitamin A, Vitamin C und Mineralstoffe. Ihre Wirkung ist desinfizierend, keimtötend, wundheilend, schleimlösend und leicht harntreibend. Sie kann gegen Infektionen im Mund- und Rachenbereich eingesetzt werden und allgemein bei entzündlichen Erkrankungen. In der Erfahrungsheilkunde werden Breiumschläge aus den Blättern zur Behandlung von Insektenstichen hergestellt. Die Knoblauchsrauke gehört zu den Frühlingskräutern, mit denen eine Stoffwechsel anregende, entgiftende und entschlackende Kur durchgeführt werden kann.

Verwendete Pflanzenteile: In der Küche wird die Knoblauchsrauke als Gewürz und als Frühlingsalternative zum Knoblauch oder zum Bärlauch genommen. Man kann mit den fein gehackten Blättern Salatsaucen und Frischkäsemischungen würzen und die Blüten als Dekoration über Salate oder salzige Sorbets streuen. Ein Stiel Knoblauchsrauke ersetzt etwa eine halbe Knoblauchzehe. Beim Verreiben der Blätter steigt der typische Knoblauchgeschmack sofort in die Nase.

Gesundheitsrezept: Für einen wohlschmeckenden *Knoblauchsraukenessig* die ganze Pflanze nehmen und in einer Flasche Weinessig ziehen lassen. Von diesem Gesundheitstrank kann man jeden Tag ein Gläschen einnehmen. Der Essig eignet sich aber auch hervorragend zum Aromatisieren von Salatdressings.

Aus dem Volksglauben: Die Knoblauchsrauke wurde vormals in Bauerngärten als Gemüse angebaut. Ihr Name geht auf den Knoblauchduft zurück, den die Blätter beim Zerreiben ausströmen. Als Ersatz für Salz oder teure Gewürze soll das Kraut in der mittelalterlichen Küche Verwendung gefunden haben.

KÜCHENTIPP: *Die Knoblauchsraukenblätter sollten möglichst frisch verwendet werden, denn da haben sie das beste Aroma. Je älter die Blätter sind, desto mehr Bitterstoffe enthalten sie; beim Trocknen verlieren sich die meisten wertvollen Inhaltsstoffe.*

■ Albzarella-Türmchen mit Knoblauchsrauke

Zutaten für 5 Spieße

10	*Auberginenscheiben*
10	*Zucchinischeiben*
	Salz
	Pfeffer aus der Mühle
1–2 EL	*Olivenöl*
4	*gehäutete Tomaten*
10	*Knoblauchsraukenblätter*
10	*Albzarellascheiben (Büffelmozzarella)*
2 EL	*Balsamico-Creme*
5	*Holzspieße*

Zubereitung

1. Die Auberginen- und Zucchinischeiben mit Salz und Pfeffer würzen. Das Olivenöl in einer Pfanne erhitzen und die Auberginen- und Zucchinischeiben kurz darin anbraten.

2. Die Tomaten in Scheiben schneiden. Die Knoblauchsraukenblätter waschen und trocken tupfen. Abwechselnd die Auberginen- und Zucchinischeiben mit den Tomaten, dem Käse und den Knoblauchsraukenblättern auf die Spieße stecken und mit Balsamico-Creme beträufelt servieren.

■ Albkäse-Vinaigrette mit Knoblauchsrauke

Zutaten für 500 ml Salatdressing

1/2	Zwiebel
40 g	Albkäse
150 ml	Brühe (Fleisch- oder Gemüsebrühe)
70 ml	weißer Balsamicoessig
	Salz
	Pfeffer aus der Mühle
1 TL	Honig
5	Knoblauchsraukenblätter
10	Salbeiblüten
50 g	Karottenstreifen
100 ml	Walnussöl

Zubereitung

1. Die Zwiebel schälen und in kleine Würfel schneiden. Den Käse reiben. Die Brühe mit dem Essig in ein Mixgefäß geben. Mit Salz, Pfeffer und Honig würzen.

2. Die Knoblauchsraukenblätter und die Salbeiblüten waschen und trocken tupfen, mit den Karottenstreifen unter die Vinaigrette mischen.

3. Das Öl dazugeben, alles mit dem Pürierstab leicht schaumig aufrühren und in eine saubere Flasche füllen.

■ Knoblauchsrauken-Quiche mit würzigem Albkäse

Zutaten für 1 Springform (Ø 26 cm)

Für den Teig:

200 g	*Mehl*
100 g	*Butter*
1/2 TL	*Salz*

Für die Füllung:

150 g	*Knoblauchsraukenblätter*
5	*Eier*
250 g	*Sahne*
250 ml	*Milch*
150 g	*würziger Albkäse*
	Salz
	frisch geriebene Muskatnuss
	Butter für die Form

Zubereitung

1. Den Backofen auf 200 °C vorheizen. Für den Teig das Mehl auf der Arbeitsplatte aufhäufen. Die Butter in kleinen Stücken dazugeben und mit dem Salz und 5 Esslöffeln Wasser zu einem Mürbeteig kneten. Den Teig 3 Stunden kühl stellen.

2. Für die Füllung die Knoblauchsraukenblätter waschen, trocken tupfen und in feine Streifen schneiden. Die Eier, die Sahne, die Milch und den Käse in einer Schüssel vermischen. Mit Salz und Muskatnuss würzen, die Knoblauchsraukenstreifen unterheben.

3. Eine Springform mit etwas Butter ausstreichen. Den Teig mit dem bemehlten Nudelholz ausrollen und in die Form legen, dabei einen kleinen Rand herstellen.

4. Die Füllung gleichmäßig auf dem Teig verstreichen und die Quiche etwa 30 Minuten im vorgeheizten Backofen backen.

[Löwenzahn] *Taraxacum officinale*

*auch Augenmilch, Augenwurz, Bettpisser,
Blindblume, Butterblume, Franzosensalat,
Jungeblume, Kuhblume, Kuhlattich,
Milchblume, Pusteblume, Pfaffenöhrlein genannt*

Saison: Löwenzahn kann fast die ganze Vegetationsperiode über gesammelt werden. Während man Blätter und Blüten überwiegend im Frühling erntet, kann man die Wurzeln sowohl im Frühling als auch Frühherbst ausgraben.

Botanik und Fundort: Löwenzahn gehört zur Familie der Korbblütler (Asteraceae) und wächst fast überall in allen Lagen, aber bevorzugt auf gut mit Stickstoff versorgten Böden. Am besten den Löwenzahn an den Stellen pflücken, an denen er nicht ganz so üppig wächst, dann ist der Boden nicht überdüngt.

Inhaltsstoffe und Heilwirkung: Löwenzahn enthält Taraxacin, Taraxanthin, Karotinoide, Cholin, Saponin, Inulin, Vitamine, Kieselsäure und einige Mineralstoffe. Dementsprechend hat Löwenzahn besonders auf Leber und Galle eine positive Wirkung, indem er Gallefluss und Stoffwechsel fördert und bei Verstopfung hilft. Löwenzahn wird aber auch gegen Nieren- und Blasenerkrankungen eingesetzt. Da die Pflanze antibiotisch und entzündungshemmend wirkt, kann sie Infektionen sowohl im Hals-Rachen-Lungen-Bereich als auch in Magen und Darm bekämpfen. Löwenzahn ist unser einheimischer Ginseng, der zudem noch die Kalziumaufnahme im Körper fördert und zusammen mit Bewegung und ausgewogener Ernährung der Osteoporose vorbeugen kann.

Verwendete Pflanzenteile: Man kann alle Löwenzahnteile verwerten. Die Blüten eignen sich zur Herstellung von Sirup und Gelee und als Dekoration für Salate oder Desserts. Die jungen Blätter können als Salat oder als Gemüse wie Spinat zubereitet werden. Für einen frischen Kräutertee wählt man die Blätter. Getrocknet wird die ganze Pflanze mit der Wurzel und den Blüten.

Gesundheitsrezepte: Für einen *Löwenzahnfrischsaft* 2 Handvoll frische junge Löwenzahnblätter eventuell zusammen mit 1 bis 2 Karotten entsaften. Am besten davon 2 EL pro Tag einnehmen. Dies entgiftet, regt den Gallefluss und die Verdauung an (Vorsicht bei Gallensteinen und bei bestehenden Durchfallerkrankungen!), Haut und Schleimhäute erholen sich und das Haar wirkt voller. Als Frühjahrskur wirkt der Löwenzahn über einen Kurzeitraum von 4 Wochen wahre Wunder. Die Frühjahrsmüdigkeit, die auf eine Leberüberlastung hinweisen kann, verschwindet sehr schnell und man fühlt sich wieder fit und aktiv.

Aus dem Volksglauben: Seinen Namen verdankt der Löwenzahn der Form seiner Blätter, indem die sägeförmigen Blattränder als spitze Löwenzähne angesehen werden können. Reibt man sich den ganzen Körper mit Löwenzahnblättern ein, so soll jeder Wunsch in Erfüllung gehen. Getrockneter Löwenzahn ist eine wichtige Rauchpflanze bei schamanischen Ritualen. Wurzeln, als Amulett getragen, sollen Augenleiden vorbeugen. Und wer die ersten drei Blütenknospen verschluckte, blieb das Jahr über gesund. Werden die Samen weggeblasen, lassen sich aus der Anzahl der am Blütenboden verbleibenden Samen zum Beispiel ablesen: Jahre, die man zu leben hat oder wann man heiratet.

■ Löwenzahnsalat mit Gänseblümchen und Tomatenwürfeln

Zutaten für 5 Personen

30 g *junge Löwenzahnblätter*
20 *Stiele Gänseblümchen*
4 *Tomaten*
250 ml *Albkäse-Vinaigrette (siehe Rezept Seite 43)*

Zubereitung

1. Die Löwenzahnblätter waschen und trocken tupfen oder in der Salatschleuder trocken schleudern. Die Gänseblümchen waschen, trocken tupfen und abzupfen. Die Tomaten waschen, putzen, enthäuten und in kleine Würfel schneiden.

2. Den Löwenzahnsalat mit der Albkäse-Vinaigrette beträufeln und mit den Gänseblümchen und Tomatenwürfeln garniert servieren.

■ Lammroulade mit Spargel und Löwenzahn

Zutaten pro Person

4 *Stangen weißer Spargel*
2 *Stangen grüner Spargel*
125 g *Lammoberschale*
5 *Löwenzahnblätter*
Butterschmalz zum Braten

Zubereitung

1. Den Spargel waschen, die weißen Stangen ganz, die grünen Spargelstangen im unteren Drittel schälen, die holzigen Enden abschneiden. Die Spargelstangen in kochendem Salzwasser etwa 7–10 Minuten bissfest garen.

2. Inzwischen das Lammfleisch von Fett und Sehnen befreien. In Frischhaltefolie wickeln und mit dem Fleischklopfer dünn klopfen. Das Lammschnitzel mit Salz und Pfeffer würzen. Den Backofen auf 200 °C vorheizen.

3. Die Löwenzahnblätter waschen, trocken tupfen und auf dem Fleisch verteilen. Die gekochten Spargelstangen auf den Löwenzahn legen, das Fleisch zusammenrollen und mit einer Backschnur umwickeln.

4. Das Butterschmalz in einer Pfanne erhitzen und die Lammroulade darin rundum anbraten, dann in eine ofenfeste Form setzen und im vorgeheizten Backofen 8 bis 10 Minuten fertig garen.

TIPP: *Kurz vor dem Ende der Garzeit einige Butterflöckchen auf die Lammroulade geben.*

[Sauerampfer] *Rumex acetosa*

auch Kuckuckskraut, Lauskraut, Roter Heinrich, Sauergras genannt

Saison: Die Blütezeit von Sauerampfer beginnt im April und endet im August. Die Blätter sammelt man bereits vor der Blüte. Danach muss man darauf achten, immer nur frisch ausgetriebene Blätter zu ernten, sonst ist ihr Oxalgehalt zu hoch. Auch sollte man Sauerampfer möglichst nicht von überdüngten Wiesen ernten.

Botanik und Fundort: Sauerampfer gehört zur Familie der Knöterichgewächse (Polygonaceae), er ist mehrjährig und wächst an eher feuchten Standorten, auf nährstoffreichen und lehmigen Böden.

Inhaltsstoffe und Heilwirkung: Sauerampfer enthält Oxalsäure, Flavonglykoside, Provitamin A und Vitamin C. Aufgrund des hohen Vitamin-C-Gehalts gilt der

Sauerampfer vor allem im Frühjahr als Energiespritze und gehört zu den Frühlingsreinigungskräutern. Allerdings sollte man diese Kur nicht länger als 2 Wochen durchführen. Frischer Sauerampfer bewirkt eine Blutreinigung, er hilft bei Appetitlosigkeit und unterstützt die Leber. Äußerlich eignet sich ein Aufguss oder eine Abkochung für Entzündungen im Bereich der Haut und der Mundschleimhaut. Auch frische angedrückte Blätter wirken wohltuend und heilend auf Wunden. In der Homöopathie wird Rumex bei anfallartigem Hustenreiz verwendet.

Verwendete Pflanzenteile: Die frischen Blättchen des Sauerampfers, von dem es auch eine wunderbare rotblättrige Gartensorte gibt, können als Salatbeilage dienen. Man kann sie auch als Suppe oder wie Spinat als Gemüse

zubereiten. Die Blüte kann als Salatkraut gegessen werden, sie schmeckt nicht ganz so sauer und sieht zudem mit ihrer roten Färbung sehr schön aus.

Aus dem Volksglauben: Ampferwurzeln wurden als Amulette gegen Drüsenschwellungen und gegen Samenerguss getragen. Frauen sollten durch ihn fruchtbar werden. Ampfer ist Teil der Schutzkräuterbuschen, die an Maria Himmelfahrt geweiht werden. Der Rotlauf der Tiere wurde mit geräucherten Samen behandelt, die Rinder wurden mit Ampfer über der Stalltüre geschützt.

Achtung: Wegen des Oxalgehalts sollte man nicht zu viel Sauerampfer zu sich nehmen, vor allem Menschen mit Sodbrennen, Blasen- und Nierenleiden sollten auf das Wildkraut verzichten.

KÜCHENTIPP: *Durch das Erhitzen wird Sauerampfer braun, sein säuerliches Aroma aber bleibt erhalten.*

■ Sauerampfer-Maultaschen mit Rote-Bete-Schaum

Zutaten für 5 Personen

Für den Nudelteig:

500 g	Mehl
4	Eier
	Salz

Für die Sauerampferfüllung:

30	Blätter frischer Sauerampfer
2	Eier
250 g	Quark
80 g	fein geriebenes Weißbrot
	Saft von 1 Zitrone
	Salz
	frisch geriebene Muskatnuss

Für den Rote-Bete-Schaum:

2	Rote-Bete-Knollen
150 g	Sahne
	Saft von 1 Zitrone
	Salz
	frisch geriebene Muskatnuss

Zubereitung

1. Für den Nudelteig das Mehl mit den Eiern, 1 1/2 TL Salz und 2 EL Wasser in der Rührmaschine zu einem geschmeidigen Teig kneten. Den Teig etwa 30 Minuten ruhen lassen, dann lässt er sich leichter verarbeiten.

2. Für die Füllung die Sauerampferblätter kurz in kochendem Wasser blanchieren, kalt abschrecken, trocken tupfen und klein schneiden. Die Eier trennen. Die Eigelbe mit dem Quark, den Sauerampferblättern, dem geriebenen Weißbrot und dem Zitronensaft verrühren. Die Masse mit Salz und Muskatnuss würzen.

3. Den Nudelteig dünn ausrollen, mit einem Teelöffel kleine Quarkhäufchen auf die eine Hälfte des Nudelteigs setzen und die Zwischenräume auf dieser Seite mit Eiweiß bestreichen. Die andere Hälfte des Nudelteigs darauflegen, die Ränder um die Quarkfüllung fest andrücken und mit einem Ausstecher oder einem Teigrädchen die Maultaschen ausschneiden.

Sauerampfersuppe mit Schnecken*

Zutaten für 8 Personen

275 g	frischer Sauerampfer
1,5 EL	Butter
24	küchenfertig vorbereitete (Alb-)Schnecken
1 l	Rindsbrühe
2	Eigelb
250 g	Sahne
	Salz
	Pfeffer aus der Mühle

Zubereitung

1. Den Sauerampfer gründlich waschen und die Blätter von den Stielen zupfen. In einem Topf die Butter erhitzen und die nassen Blätter mit 1 Prise Salz darin weich dünsten. Den Sauerampfer mit dem Pürierstab fein pürieren und durch ein Sieb streichen.

2. Die Schnecken halbieren, in einen Topf mit der Rindsbrühe geben und zum Kochen bringen. Das Sauerampferpüree unterrühren und die Suppe vom Herd nehmen.

3. Die Eigelbe mit der Sahne verquirlen und die Suppe damit legieren. Die Sauerampfersuppe mit Salz und Pfeffer würzen, auf vorgewärmte Teller verteilen und sofort servieren.

Rezept nach Roman Lenz

4. In einem Topf reichlich Salzwasser zum Kochen bringen. Die Maultaschen darin etwa 5 Minuten ziehen lassen.

5. Für den Rote-Bete-Schaum die Rote Bete (mit Handschuhen) schälen, in kleine Würfel schneiden und in Salzwasser etwa 30 Minuten weich garen. Die Rote Bete mit dem Pürierstab fein pürieren, die Sahne hinzufügen und aufkochen. Mit Zitronensaft, Salz und Muskatnuss würzen.

6. Die Maultaschen auf vorgewärmten Tellern anrichten und mit dem Rote-Bete-Schaum garniert servieren.

TIPP: *Den Nudelteig kann man mit Spinat oder Brennnesselpüree grün färben. Das ergibt ein besonders schönes und buntes Bild auf dem Teller.*

[Waldmeister] *Galium odoratum*

*auch Unserer Frauen Bettstroh,
Marienbettstroh, Liebfrauenbettstroh genannt*

Saison: Die Blüte- und Sammelzeit von Waldmeister geht von April bis Mai, vor der Blüte verwenden.

Botanik und Fundort: Waldmeister gehört zur Familie der Rötegewächse (Rubiaceae) und gedeiht auf lockeren, nährstoff- und basenreichen Böden. Man findet das Kraut im lichten Schatten unter Laubbäumen, besonders häufig in Buchenwäldern.

Inhaltsstoffe und Heilwirkung: Waldmeister enthält Cumarin, ätherische Öle, Gerb- und Bitterstoffe, Vitamin C und Glykoside. Aufgrund des Cumaringehalts, der blutverdünnend wirkt, sollten Menschen, die Blutverdünnungsmittel einnehmen, sehr vorsichtig sein mit dem Trinken der Waldmeisterbowle oder des Tees. Waldmeister wirkt anregend, gefäßerweiternd und entzündungshemmend. Er stärkt Herz und Nieren, beruhigt das Nervensystem und hilft bei Schlafstörungen. Zerquetschte frische Waldmeisterblätter können als Notfallwundauflage eingesetzt werden.

Verwendete Pflanzenteile: Genutzt werden zumeist die noch nicht aufgeblühten Triebe, aber auch die Blüten. Zur Schlafförderung kann man getrockneten Waldmeister zusammen mit Lavendel, Minze und Rosenblüten in Stoffkissen füllen und unter das Kopfkissen legen. Ein Tee aus dem blühenden Kraut dient der Stärkung von Leber und Galle.

Gesundheitsrezept: Mit Waldmeister lässt sich die Trübsal vertreiben. Für einen *Waldmeisterlikör* 15 bis 20 Stiele Waldmeister samt Blüten mit 1 l Obstbrand oder Korn übergießen und 3 Wochen an einem warmen Ort stehen lassen. Danach abseihen und je nach Geschmack mit Zucker vermischen, anschließend 3 Monate reifen lassen.

Aus dem Volksglauben: Schon die Germanen legten den schwangeren Frauen das trockene duftende Waldmeisterstroh ins Bett zur Schlafförderung. Auch Maria soll Jesus darauf gebettet haben. Waldmeister sollte vor dämonischen Kräften schützen. Warf man an Johanni einen Waldmeisterkranz auf das Hausdach und er blieb oben, war die Gesundheit gesichert, fiel er herunter, war der Tod nahezu unabwendbar.

■ Waldmeister-Panna-cotta

Zutaten für 6 Personen

8–10	*Stiele Waldmeister*
5	*Blatt Gelatine*
1	*Vanilleschote*
700 g	*Sahne*
100 g	*Zucker*
	abgeriebene Schale von 1 unbehandelten Zitrone
	Waldbeeren

Zubereitung

1. Den Waldmeister 1 bis 2 Tage anwelken lassen, damit sein Aroma freigesetzt wird. Die Blätter waschen, abzupfen und klein schneiden. Die Gelatine in kaltem Wasser einweichen. Das Mark aus der Vanilleschote kratzen.

2. Die Waldmeisterblätter mit der Sahne, dem Zucker, der ausgekratzten Vanilleschote und der Zitronenschale in einen Topf geben, kurz aufkochen und 30 Minuten ziehen lassen. Die Vanilleschote herausnehmen. Die eingeweichte Gelatine in die warme Sahne geben und glatt rühren. Die Masse in Dessertförmchen füllen und 4 bis 5 Stunden kühl stellen.

3. Wasser erwärmen und die Dessertförmchen kurz darin eintauchen, die Panna cotta auf Teller stürzen und nach Belieben mit frischen Waldbeeren servieren.

■ Waldmeisterbowle

Zutaten für ein großes Fest

20	*Stiele Waldmeister*
2,7 l	*Weißwein (z. B. Grauburgunder)*
150 g	*Zucker*
1	*Flasche Sekt*

Zubereitung

1. Den Waldmeister waschen, trocken tupfen und etwa 4 Stunden antrocknen lassen.

2. In ein Bowlegefäß 700 ml Weißwein füllen, den Zucker dazugeben und die Waldmeisterstiele etwa 30 Minuten darin ziehen lassen.

3. Dann mit dem restlichen Weißwein oder mit 2 l Mineralwasser auffüllen. Vor dem Servieren den Sekt dazugeben.

___

TIPP: *Wer die alkoholfreie Version bevorzugt, nimmt statt Wein Apfelsaft und Wasser und schmeckt die Bowle mit etwas frisch gepresstem Zitronensaft ab.*

Prachtvoll breiten sich die Sommer-
wiesen wie ein bunter Teppich
aus. Ein leichter Wind streicht über
die Blütenköpfe. Wer sie pflückt,
erhält nicht nur einen wunder-
schönen Strauß, sondern kann aus
vielen der Blüten und Blätter
schmackhafte und gesunde Gerichte
zaubern.

Sommer

[Beinwell] *Symphytum officinale*

auch Beinwurz, Bienenkraut, echte Wallwurz, Eselohrwurz, Hasenlaub, Soldatenwurz, Kuchenkraut, Schadheilwurzel, Wundallheil, Zottel genannt

Saison: Die jungen Beinwellblätter werden im Frühsommer, die Wurzeln zu Frühlingsbeginn oder im Herbst gesammelt.

Botanik und Fundort: Beinwell gehört zur Familie der Raublattgewächse (Boraginaceae) und gedeiht vor allem auf feuchteren Böden in sonnig-halbschattiger Lage. Beinwell findet man an Bachufern, Gewässerrändern und in feuchten Gebüschen.

Inhaltsstoffe und Heilwirkung: Beinwell enthält Allantoin, Asparagin, Rosmarinsäure, Cholin, Inulin, Schleim, Kieselsäure, Gerbstoffe, Pyrrolizidinalkaloide, Symphyto-cynoglossin. Diese Inhaltsstoffe sind verantwortlich für seine herausragenden Wundheilungseigenschaften. Beinwell wirkt gewebebildend, blutstillend und entzündungshemmend bei allen rheumatischen Erkrankungen. Er wird eingesetzt bei Knochenbrüchen, Venenentzündungen, Thrombosen und Nervenschmerzen. Für die innere Anwendung ist er in einigen Ländern aufgrund seines Gehalts an Pyrrolizidinalkaloiden, die leberschädigend sind, nicht zugelassen.

Verwendete Pflanzenteile: Für die medizinischen Anwendungen werden die Wurzeln genommen. Die jungen Blätter kann man verkochen, zusammen mit Eierspeisen, für Vorspeisen oder auch als Beinwellroulade.

Gesundheitsrezepte: Für eine *Beinwelltinktur* die getrockneten Wurzelteile mit Korn übergießen, bis alles gut bedeckt ist, und die Tinktur etwa 2 Wochen stehen lassen. Für eine *Beinwellessenz* 400 g frische Wurzelteile nehmen. Tinktur und Essenz können äußerlich bei allen Verletzungen und Schmerzsituationen angewendet werden. Für einen *Beinwellbalsam* 2 bis 3 frische Blätter klein gezupft mit 1 Tasse kochendem Wasser übergießen, 10 Minuten ziehen lassen und abfiltern. Gleich nach dem Abkühlen äußerlich anwenden. Für einen *Beinwellwein* 1 TL Wurzel mit 125 ml Wein etwa 5 Minuten kochen, etwas abkühlen lassen und schluckweise einnehmen. Dies hilft bei Husten und wirkt kräftigend und schleimlösend.

Aus dem Volksglauben: Der Name Beinwell soll daher rühren, dass er den Beinen guttut beziehungsweise die Knochen zusammenwachsen lässt, daher auch sein Name Wallwurz (wallen = zusammenwachsen). Man brach die Wurzel in zwei Teile, bandagierte sie und stellte sie in die Ecke – ein Analogzauber, der die Genesung des Kranken fördern sollte. Beinwell diente als Schutzkraut auf Reisen und sollte außerdem zu Geld verhelfen.

Achtung: Bitte nur in den in den Rezepten angegebenen Mengen verwenden und nicht täglich verzehren.

■ Gedünstetes Forellenfilet im Beinwellmantel

Zutaten für 4 Personen

Für die Farce:
250 g	*Lachsfilet*
250 g	*Sahne*
	Salz
	Cayennepfeffer
1 cl	*Noilly Prat (Wermut)*
	Saft von 1 Zitrone
1	*Eiweiß*

Für den Fisch:
10	*Beinwellblätter*
4	*Forellenfilets*
1	*kleines Bund Dill*

Zubereitung

1. Für die Farce das Lachsfilet waschen, trocken tupfen und in kleine Würfel schneiden. Die Lachswürfel kurz im Tiefkühlfach anfrieren lassen, dann mit der Sahne, Salz, 1 Prise Cayennepfeffer, Noilly Prat, der Hälfte des Zitronensafts und dem Eiweiß in der Küchenmaschine oder im Blitzhacker durchmixen.

2. Die Beinwellblätter waschen und 1 Minute blanchieren, abkühlen lassen und trocken tupfen.

3. Die Forellenfilets waschen, trocken tupfen und mit Salz und dem restlichen Zitronensaft rundum einreiben. Den Dill waschen, trocken schütteln und die Spitzen klein hacken.

4. Je 1 Beinwellblatt auf ein Stück Frischhaltefolie legen und mit einem Viertel der Lachsfarce bestreichen und mit etwas Dill bestreuen. Ein Forellenfilet darauflegen und das Blatt zusammenrollen, sodass ein Fischpäckchen entsteht. Auf diese Weise noch drei Päckchen herstellen.

5. Wasser in einem Topf auf 90 °C erhitzen und die Fischpäckchen darin etwa 15 Minuten ziehen lassen. Herausnehmen und nach Belieben mit einer Rieslingsauce und Blattspinat anrichten.

TIPP: *Alle Zutaten möglichst gut kühlen und schnell verarbeiten. Die Fischpäckchen nicht kochen, sonst gerinnt die Farce!*

[Gänseblümchen] *Bellis perennis*

*auch Augenblümchen, Gänselieschen, Gemeine Wucherblume,
Himmelsblume, Maiblume, Maßliebchen, Mondscheinblume,
Orakelblume, Regenblume, Tausendschönchen genannt*

Saison: Von März bis Oktober lassen sich die Blütenköpfe des Gänseblümchens ernten. Die Hauptblüte- und Sammelzeit ist jedoch im April und Mai. Die Blättchen können beinahe das ganze Jahr über gesammelt werden.

Botanik und Fundort: Das Gänseblümchen gehört zur Familie der Korbblütler (Asteraceae) und bevorzugt einen feuchten, möglichst nahrhaften Boden und einen sonnigen bis halbschattigen Standort. Man findet es weitverbreitet auf fast allen Wiesen, Weiden und Rasenflächen.

Inhaltsstoffe und Heilwirkung: Gänseblümchen enthalten Saponine, ätherische Öle, Bitter- und Gerbstoffe, Flavonoide, Schleime, Anthoxanthin. Ihre Inhaltsstoffe wirken schleimlösend, blutreinigend und wassertreibend. Aus den Blüten hergestellter Tee kann bei Erkrankungen der Atemwege und bei Rheuma und Arthritis getrunken werden. Aufgrund des Gerbstoffgehalts wirkt der Tee jedoch leicht stopfend. Man kann bei einer Dickdarmerkrankung aus einem starken Tee einen Einlauf machen.

Verwendete Pflanzenteile: Insbesondere die Knospen und halb geöffneten Blütenköpfe eignen sich als Zutat im Salat. Zu viel sollte man nicht davon essen, aber pro Woche einige Blüten in Salaten oder Suppen haben eine wohltuende Wirkung. Für Süßspeisen sollte man nur die weißen oder rosa-weißen Scheinblüten verwenden. Sehr gut schmecken die jungen Blättchen aus dem Inneren der Rosette.

Gesundheitsrezepte: Für eine *Gänseblümchenessenz* 100 g frische Pflanzenteile mit 100 ml Wodka vermischen und 10 Tage stehen lassen, abseihen und in dunklen Flaschen aufbewahren. Die Essenz wird bei äußeren Hautverletzungen, Muskelfaserrissen, Quetschungen und Schürf-

wunden als Kompresse aufgetragen. Für einen *Gänseblümchentee* 1 bis 2 TL Gänseblümchen mit 1 Tasse kochendem Wasser übergießen und 10 Minuten ziehen lassen, abseihen und in kleinen Schlucken trinken. Der Tee regt den Appetit an, fördert die Verdauung und lindert auch Husten.

Aus dem Volksglauben: Gänseblümchen galten als Liebeszauberpflanzen: Wer die ersten Blüten der Saison pflückte, sollte unwiderstehlich werden. Und eine Gänseblümchenwurzel unter dem Kopfkissen sollte den abwesenden Liebespartner zurückholen. Der Legende nach ist das Gänseblümchen aus Marias Tränen auf der Flucht nach Ägypten entstanden. Die Gänseblümchen waren bei den Germanen die Symbole der Freya für Fruchtbarkeit und Neubeginn. Nach dem Genuss der drei ersten Blüten im Jahr blieb man zwölf Monate lang vom Fieber verschont. Die Gänseblümchen dienten auch als Wettervoraussage: Bei drohendem Regen gehen die Blüten zu, wenn sie sich morgens öffnen, bleibt der Tag schön.

KÜCHENTIPP: *Die Blütenknospen kann man in einem sauren Einlegesud konservieren und als Kapernersatz verwenden.*

■ Rucolasalat mit Gänseblümchen und Johanniskraut-Gurken-Vinaigrette

Zutaten für 5 Personen

Für den Salat:

400 g	*Rucola*
20–30	*Gänseblümchenblüten*
1–2	*Tomaten*

Für die Johanniskraut-Gurken-Vinaigrette:

1/2	*Salatgurke*
1–2	*Schalotten*
60 ml	*Holunderblütenessig (siehe Rezept Seite 33)*
120 ml	*Geflügel- oder Gemüsebrühe Salz Pfeffer aus der Mühle*
1 TL	*Honig*
75 ml	*Sonnenblumenöl*
75 ml	*Johanniskrautöl*

Zubereitung

1. Für den Salat den Rucola verlesen, die groben Stiele entfernen, die Blätter waschen, trocken schleudern und klein zupfen. Die Gänseblümchen waschen, trocken tupfen und die Blüten von den Stielen zupfen. Die Tomaten waschen, den Stielansatz entfernen und achteln.

2. Für die Vinaigrette die Gurke waschen, schälen und in feine Würfel schneiden. Die Schalotten schälen und in feine Würfel schneiden.

3. Den Essig mit der Brühe zu einer Marinade verrühren, mit Salz, Pfeffer und Honig würzen. Die Schalotten und die Gurkenwürfel unterheben. Die beiden Öle unterschlagen.

4. Die Marinade über den Rucola träufeln, die Tomatenachtel um den Salat herum anrichten und die Gänseblümchen darüberstreuen.

TIPP: *Dazu passen besonders gut die gebackenen Majoran-Frischkäse-Kugeln (siehe Rezept Seite 90).*

[Gundermann] *Glechoma hederacea*

auch Gundelrebe, Donnerrebe, Engelkraut, Erdefeu, Guck-durch-den-Zaun, Heilrauf, Katzenminze, Kranzkraut, Soldatenpetersilie, Zickelskräutlein genannt

Saison: Gundermann blüht vorwiegend zwischen April und Juni, kann jedoch auch noch danach gesammelt werden.

Botanik und Fundort: Gundermann gehört zur Familie der Lippenblütler (Lamiaceae) und wächst eigentlich überall, bevorzugt in etwas schattigeren Lagen, auf kalkhaltigen, feuchten und nitratreichen Böden. Gern findet er sich in Gärten ein. Gundermann macht lange und kräftige Ausläufer, die ihn leicht zu einem »Unkraut« werden lassen. Aber lieber verwenden, statt ihn auszureißen und zu vernichten!

Inhaltsstoffe und Heilwirkung: Gundermann enthält Gerb- und Bitterstoffe, ätherische Öle, Vitamin C, Kalium, Saponin und Cholin. Für manche Tiere wie Pferde ist der Gundermann aufgrund der Bitterstoffe giftig, dem Menschen dient er seit jeher als Heilkraut und Gewürz.

Gundermann wirkt schleimlösend bei chronischem Schnupfen, löst Harnsäure und Steine bei Gicht und Blasen- und Nierenerkrankungen, stärkt Herz und Kreislauf und vermag äußerlich angewandt geschädigte, eitrige Haut zu heilen.

Verwendete Pflanzenteile: Vor allem die frischen Blättchen und Triebe werden in der Küche als Zutat zu Quarkaufstrich, Kräuterbutter, Gemüsegerichten, Suppen und Salaten verwendet.

Gesundheitsrezepte: Für die äußere Anwendung kann man einen *Gundermann-Ölauszug* herstellen, der die ätherischen Öle wirksam werden lässt. Dafür etwa 200 g frische angedrückte Gundelrebe in ein Glas geben, mit Olivenöl übergießen, sodass alles bedeckt ist, und etwa 3 Wochen an der Sonne stehen lassen. Abfiltern, mit etwas Vitamin E (aus der Apotheke) konservieren. Für ein *Gundelrebenwasser* gegen unreine Haut 1 Handvoll frische Pflanzen mit 500 ml kochendem Wasser überbrühen, abkühlen lassen und abseihen, mit Kompressen dann die Haut betupfen. Bitte im Kühlschrank aufbewahren, da das Wasser nicht lange hält!

Aus dem Volksglauben: Schon die Germanen sollen Gundermann als Wundheilmittel benutzt haben. Sein Name soll sich vom gotischen Wort »gund« (Eiter, Geschwür) ableiten. Kühe wurden durch einen Gundermannkranz hindurch gemolken, damit die Milch gut fließt. In der Walpurgisnacht musste man einen Gundelrebenkrautkranz tragen, um alle Hexen zu entdecken. Der Brutgans wurde Gundermann ins Nest gelegt, damit diese kräftige Junge ausbrütet.

KÜCHENTIPP: *Ein besonders aromatisches Gewürzsalz erhält man, wenn man getrocknete Gundermannblätter klein reibt und mit grobem Meersalz vermischt.*

■ Gundermann-Kartoffelpüree

Zutaten für 5 Personen

1 kg	*mehlig kochende Kartoffeln*
50 g	*Gundermann, Pimpinelle, Spitzwegerich, Sauerampfer*
250 ml	*Milch*
25 g	*Butter*
	Salz
	frisch geriebene Muskatnuss
2 EL	*geschlagene Sahne*

Zubereitung

1. Die Kartoffeln waschen, schälen und in reichlich Salzwasser etwa 20 Minuten weich garen. Die Wildkräuter waschen, trocken tupfen, die Blätter von den Stielen zupfen und klein schneiden.

2. Die Milch in einem Topf erhitzen. Die Kartoffeln abgießen und durch die Kartoffelpresse drücken. Nach und nach in die kochend heiße Milch einrühren, bis das Püree eine cremige Konsistenz hat.

3. Das Püree mit Butterflocken, Salz und Muskatnuss würzen. Die Sahne und die klein geschnittenen Wildkräuter kurz vor dem Servieren unterheben.

TIPP: *Statt der frischen Kräuter kann man auch gut 2 bis 3 EL Wildkräuterpesto (siehe Rezept Seite 14) nehmen und unter das Püree rühren.*

Gundermann-Sauerampfer-Salat mit Bucheckernöldressing

Zutaten (Salat ohne Mengenangaben)

Für den Salat:
Gundermannblätter
Wegerichblätter
Sauerampferblätter
Junge Spinatblätter
Wilder-Salbei-Blätter
Rucola und/oder Feldsalat
Salbeiblüten
Johanniskrautblüten

Für das Bucheckernöldressing:
1	*Schalotte*
20 ml	*Apfelessig*
30 ml	*Gemüsebrühe*
	Salz
	Pfeffer aus der Mühle
1 TL	*Waldhonig*
2 EL	*gehackte Petersilie oder 1 EL gehackter Wilder Majoran*
40 ml	*Bucheckernöl, Alternative: Nussöl*

Zubereitung

1. Die Wildkräuterblätter waschen, trocken schütteln und in mundgerechte Stücke zupfen. Den Rucola verlesen, die harten Stiele entfernen, waschen und klein zupfen. Den Feldsalat putzen und gründlich waschen. Die Salbei- und Johanniskrautblüten vorsichtig abbrausen und trocken tupfen.

2. Für das Dressing die Schalotte schälen und in kleine Würfel schneiden. Den Essig mit der Gemüsebrühe mischen, mit Salz, Pfeffer und Honig würzen. Die Schalottenwürfel und die Petersilie oder den Majoran unterrühren. Zuletzt das Bucheckernöl unterschlagen.

3. Die Salatblätter in eine Schüssel geben und mit dem Dressing mischen. Zum Schluss die Salbei- und Johanniskrautblüten über den Salat streuen.

TIPP: *Dieser Wildkräutersalat passt sehr gut zu den gebackenen Wiesenbocksbartblüten (siehe Seite 120). Mit dem Bucheckernöldressing kann man auch Pilze marinieren, zum Beispiel beim Spitzwegerich-Carpaccio mit Ehestetter Champignons (siehe Seite 113). Das wertvolle, kaltgepresste Öl erhält man unter www.bucheckernoel.de*

[Johanniskraut] *Hypericum perforatum*

auch Hartheu, Teufelsflucht, Jageteufel, Manneskraft, Stolzer Heinrich, Seelenarznei, Elfenblume, Hexen- kraut, Jesuwundenkraut, Johanniblut, Sonnwendkraut, Walpurgiskraut, Tausendlöcherlkraut genannt

Saison: Johanniskraut blüht im Juni. Geerntet werden kann es von Mai bis Oktober.

Botanik und Fundort: Johanniskraut gehört zur Familie der Hartheugewächse (Hypericaceae) und wächst auf mageren Böden in sonniger bis halbschattiger Lage. Gerne lässt es sich auch in unseren Gärten wild durch Vögel oder andere Tiere ansäen. Man kann Johanniskraut an Wegen, Böschungen und in Heiden entdecken, aber auch in Waldlichtungen oder an Waldrändern.

Inhaltsstoffe und Heilwirkung: Johanniskraut enthält Hypericin, Phytosterin, ätherisches Öl, Gerbstoffe, Rutin, Quercitin, Cholin, Flavonoide und roten Farbstoff. Johanniskraut hat neben einer entzündungshemmenden und schmerzlindernden auch eine beruhigende, stimmungsaufhellende und nervenstärkende Wirkung. Innerlich eingenommen (wobei sich die wichtigen Inhaltsstoffe im Wasser nicht so gut lösen), kann es gegen leichte Formen der Depression helfen. Besser als Tee sind hier standardisierte Fertigpräparate aus der Apotheke. Johanniskrautabsud als starker Teeaufguss kann äußerlich bei Gicht, Hexenschuss und bei Entzündungen aller Art, auch bei Blasenentzündungen als Kompresse eingesetzt werden.

Verwendete Pflanzenteile: Knospen, Blüten und Zweigspitzen können vom Johanniskraut genutzt werden.

Gesundheitsrezepte: Für eine *Johanniskrauttinktur* 2 Teelöffel getrocknetes Kraut oder 4 Teelöffel frisches Kraut in 100 ml Korn ansetzen und etwa 14 Tage stehen lassen, anschließend abseihen und wie bei allen Tinkturen, maximal 3 x 15 Tropfen pro Tag einnehmen. Diese Tinktur hilft auch bei nervösem Magen und Darmleiden, bei Blähungen, Krämpfen, und vor allem zur Stärkung des Nervenkostüms. Für ein *Johanniskrautöl* frisch gesammelte Blüten, Knospen und Früchte (falls schon vorhanden) in ein Glas geben, darauf so viel Olivenöl gießen, bis alles zu schwimmen beginnt. Jeden Tag die Blüten nach unten pressen, damit sie nicht an die Luft gelangen und schimmeln. Das Öl 4 bis 6 Wochen an der Sonne stehen lassen. Wenn das Öl eine wunderbare rote Farbe erhalten hat, ist es fertig und kann abgeseiht werden. Konserviert wird es mit Vitamin E (aus der Apotheke). Verwendet man Olivenöl als Trägeröl, kann man das Johanniskrautöl sowohl innerlich (1 EL pro Tag) als auch äußerlich bei allen Arten von Verletzungen und Schmerzzuständen nehmen.

Aus dem Volksglauben: Frauen sollten das Kraut unters Kopfkissen legen, da ihnen dann der zukünftige Ehemann erschien. Johanniskraut diente immer auch zur Bekämpfung der bösen Mächte, zum Beispiel um Hexen und böse Zauberer zu entlarven. Das Gewehr eines Jägers wurde treffsicher, wenn dieser den Lauf mit Johanniskraut einrieb. Johanniskraut ins Herdfeuer geworfen sollte, das Gewitter stoppen. Gute Geister, sogenannte Heinrichs (Kobolde) finden sich bei den Gänsefußgewächsen, aber auch das Johanniskraut ist so ein Kobold, nämlich der Stolze Heinrich.

KÜCHENTIPP: *Das selbst hergestellte Johanniskrautöl (siehe Rezept oben) kann man auch sehr gut als Salatöl nehmen.*

■ Wildkräuter- und Blütensalat mit Johanniskraut-Gurken-Vinaigrette

Zutaten

Löwenzahnblätter
Sauerampferblätter
Spitzwegerichblätter
Knoblauchsraukenblätter
Rote-Bete-Blätter
Rotkleeblüten
Gänseblümchen
Johanniskrautblüten
Johanniskraut-Gurken-Vinaigrette
(siehe Rezept Seite 66)

Zubereitung

1. Löwenzahn, Sauerampfer, Spitzwegerich, Knoblauchsrauke waschen und trocken tupfen. Die Blätter abzupfen und in mundgerechte Stücke teilen. Die Rote-Bete-Blätter, die Rotkleeblüten, die Gänseblümchen und die Johanniskrautblüten kurz abbrausen und trocken tupfen.

2. Alle Blätter in eine Salatschüssel geben und mit der Johanniskraut-Gurken-Vinaigrette mischen. Die Rotkleeblüten, Gänseblümchen und die Johanniskrautblüten am Schluss über den Salat streuen.

[Echtes Labkraut] *Galium verum*

auch Beinritzenkraut, Bettstroh, Gelbes Käselab, Liebfrauenstroh, Magerkraut, Milchgerinnkraut, Sternkraut, Wundstillkraut, Marienbettstroh, Klettenkraut genannt

Saison: Von Mai bis September blüht das Echte Labkraut. Man kann das ganze Kraut während der Blütezeit ernten; auch im Winter sind unter trockenem Gras und schneefreien Stellen frische Triebe des weißen Labkrauts zu finden.

Botanik und Fundort: Labkraut gehört zu den Rötegewächsen (Rubiaceae) und gedeiht in sonnigen oder halbschattigen Lagen, an Wegrainen, Magerweiden, aber auch auf Moorwiesen. Auf der Schwäbischen Alb kann man es überall finden, und sein wunderbarer Geruch, besonders kurz vor einem Gewitter, stellt den typischen »Albgeruch« dar.

Inhaltsstoffe und Heilwirkung: Labkraut enthält das Labferment, das zur Käseherstellung gebraucht wird. Außerdem weist es Kieselsäure, Gerbstoffe, ätherisches Öl, Zitronensäure, Aucubin, Glykoside und, Flavonoide auf. Labkraut wirkt harntreibend. Eine Mischung aus Labkraut, Goldrute und Brennnessel hilft als Tee bei allen Nieren- und Blasenerkrankungen, dazu gehören auch geschwollene Glieder aufgrund von Nieren-, jedoch nicht Herzschwäche!! Dem Echten Labkraut werden auch krebsfeindliche Eigenschaften nachgesagt, denn es regt das Lymphsystem an und damit die Ausscheidung von Giftstoffen und Ablagerungen. Es hat außerdem eine beruhigende Wirkung auf die Nerven und kann als Ersatz für Johanniskraut dienen. Äußerlich kann man das ganze gequetschte Kraut auf frische Wunden legen, dadurch wird der Blutfluss gestoppt und die Heilung beschleunigt.

Verwendete Pflanzenteile: Man kann das Labkraut als ganze Pflanze samt Wurzel nutzen. Das gelbe Labkraut dient als Färbemittel, und durch sein Labferment wird es heute noch beim Chesterkäse aus England als Gerinnungsmittel und Farbgeber verwendet. Seine Wurzeln liefern eine rote Farbe.

Gesundheitsrezept: Für einen *Labkrauttee* 2 bis 3 EL Pflanzenteile mit 250 ml kochendem Wasser übergießen, etwa 15 Minuten zugedeckt ziehen lassen und anschließend abseihen. Dieser Tee aus der ganzen Pflanze reinigt Niere, Leber und Bauchspeicheldrüse. Äußerlich kann er als Umschlag oder Kompresse bei Wunden aller Art verwendet werden. Auch bei schlecht heilenden Geschwüren kann man hier durch die Umschläge Linderung erfahren.

Aus dem Volksglauben: Labkraut wurde den Schwangeren und seinerzeit auch Maria ins Bettstroh gelegt, um sie vor Schaden zu bewahren. Es ist häufig Bestandteil der Kräuterbuschen, die an Maria Himmelfahrt geweiht werden. Labkraut soll nur an Plätzen wachsen, die eine Glücksenergie ausstrahlen, und soll sodann auch unsere Schutzengel stärken. Wer also Labkraut in seinem Garten findet, sollte sich darüber freuen!

KÜCHENTIPP: *Labkraut kann man wunderbar als Gemüse verwenden. Es wird genauso gedünstet wie Spinat. Die jungen Triebe können roh zu Salaten oder in Suppen gegeben werden.*

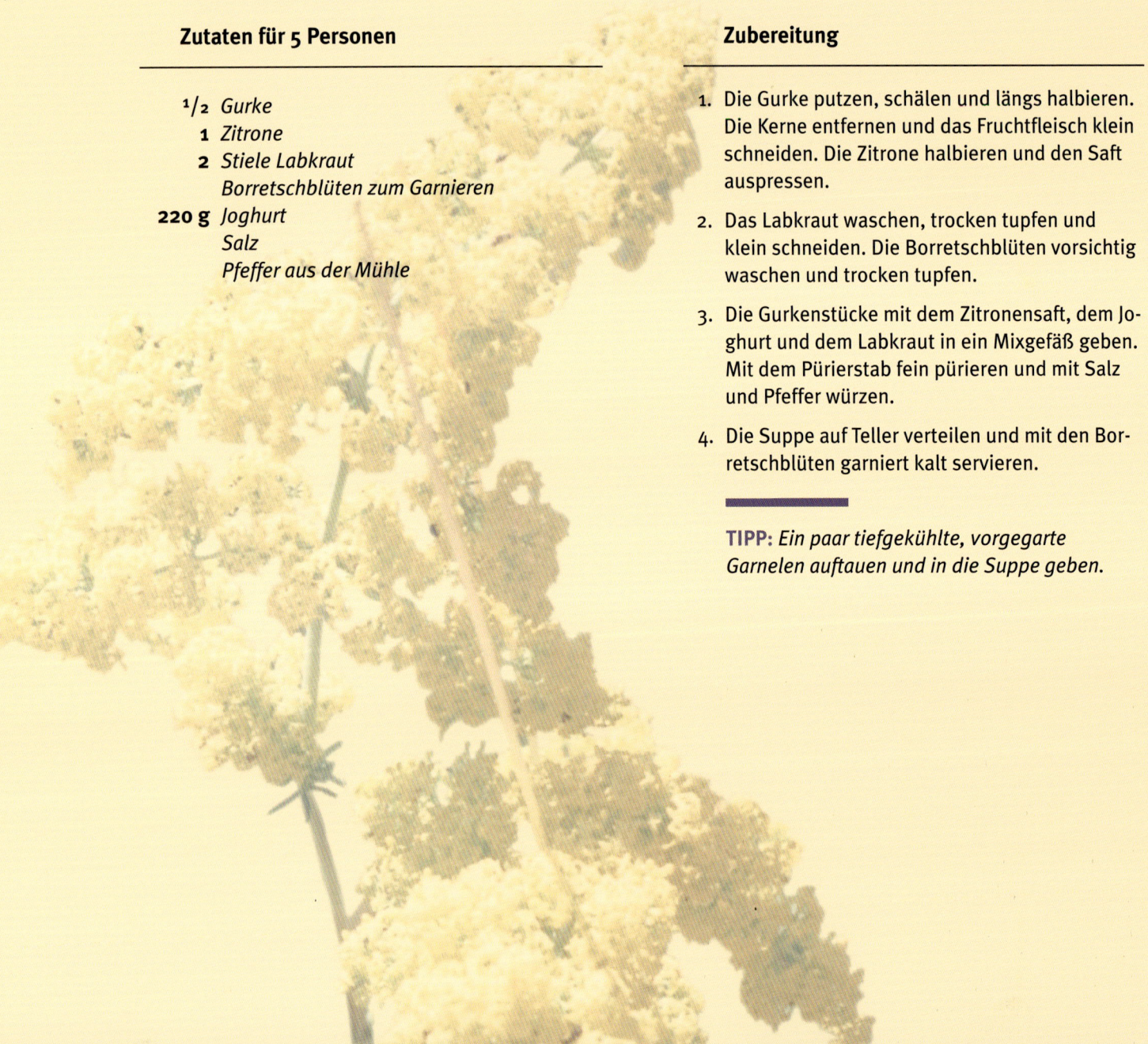

■ Kalte Gurkenschaumsuppe mit Labkraut

Zutaten für 5 Personen

- 1/2 *Gurke*
- 1 *Zitrone*
- 2 *Stiele Labkraut*
- *Borretschblüten zum Garnieren*
- 220 g *Joghurt*
- *Salz*
- *Pfeffer aus der Mühle*

Zubereitung

1. Die Gurke putzen, schälen und längs halbieren. Die Kerne entfernen und das Fruchtfleisch klein schneiden. Die Zitrone halbieren und den Saft auspressen.

2. Das Labkraut waschen, trocken tupfen und klein schneiden. Die Borretschblüten vorsichtig waschen und trocken tupfen.

3. Die Gurkenstücke mit dem Zitronensaft, dem Joghurt und dem Labkraut in ein Mixgefäß geben. Mit dem Pürierstab fein pürieren und mit Salz und Pfeffer würzen.

4. Die Suppe auf Teller verteilen und mit den Borretschblüten garniert kalt servieren.

TIPP: *Ein paar tiefgekühlte, vorgegarte Garnelen auftauen und in die Suppe geben.*

[Löwenzahn] *Taraxacum officinale*

auch Augenmilch, Augenwurz, Bettpisser, Blindblume, Butterblume, Franzosensalat, Jungeblume, Kuhblume, Kuhlattich, Milchblume, Pusteblume, Pfaffenöhrlein genannt

Saison: Löwenzahn kann fast die ganze Vegetationsperiode über gesammelt werden. Während man Blätter und Blüten überwiegend im Frühling erntet, kann man die Wurzeln sowohl im Frühling als auch Frühherbst ausgraben.

Botanik und Fundort: Löwenzahn gehört zur Familie der Korbblütler (Asteraceae) und wächst fast überall in allen Lagen, aber bevorzugt auf gut mit Stickstoff versorgten Böden. Am besten den Löwenzahn an den Stellen pflücken, an denen er nicht ganz so üppig wächst, dann ist der Boden nicht überdüngt.

Inhaltsstoffe und Heilwirkung: Löwenzahn enthält Taraxacin, Taraxanthin, Karotinoide, Cholin, Saponin, Inulin, Vitamine, Kieselsäure und einige Mineralstoffe. Dementsprechend hat Löwenzahn besonders auf Leber und Galle eine positive Wirkung, indem er Gallefluss und Stoffwechsel fördert und bei Verstopfung hilft. Löwenzahn wird aber auch gegen Nieren- und Blasenerkrankungen eingesetzt. Da die Pflanze antibiotisch und entzündungshemmend wirkt, kann sie Infektionen sowohl im Hals-Rachen-Lungen-Bereich als auch in Magen und Darm bekämpfen. Löwenzahn ist unser einheimischer Ginseng, der zudem noch die Kalziumaufnahme im Körper fördert und zusammen mit Bewegung und ausgewogener Ernährung der Osteoporose vorbeugen kann.

Verwendete Pflanzenteile: Man kann alle Löwenzahnteile verwerten. Die Blüten eignen sich zur Herstellung von Sirup und Gelee und als Dekoration für Salate oder Desserts. Die jungen Blätter können als Salat oder als Gemüse wie Spinat zubereitet werden. Für einen frischen Kräutertee wählt man die Blätter. Getrocknet wird die ganze Pflanze mit der Wurzel und den Blüten.

Gesundheitsrezepte: Die Löwenzahnblüten lassen sich in Olivenöl ausziehen, diese werden so zu einem wunderbaren, entspannenden *Löwenzahnmassageöl*. Dazu ein Glas zur Hälfte mit Blüten füllen, Olivenöl darübergießen und etwa 4 Wochen ziehen lassen, dabei jeden Tag die Blüten ins Öl zurückdrücken. Die Blüten dürfen nicht an die Luft gelangen, sonst schimmeln sie. Bitte an der Sonne stehen lassen. Anschließend abseihen und mit Vitamin E (aus der Apotheke) versetzen, damit sich das Öl hält. Eine *Löwenzahnessenz* für den Winter wird mit der Wurzel zubereitet: Dafür 2 bis 3 Wurzeln mit 250 ml Korn 14 Tage ansetzen und dann abseihen. Man kann 2 EL pro Tag zu sich nehmen. Tipp: Für den Fall, dass es über den Winter nicht reicht, kann die Essenz auch aus getrockneten Wurzeln hergestellt werden.

Aus dem Volksglauben: Seinen Namen verdankt der Löwenzahn der Form seiner Blätter, indem die sägeförmigen Blattränder als spitze Löwenzähne angesehen werden können. Reibt man sich den ganzen Körper mit Löwenzahnblättern ein, so soll jeder Wunsch in Erfüllung gehen. Getrockneter Löwenzahn ist eine wichtige Rauchpflanze bei schamanischen Ritualen. Wurzeln, als Amulett getragen, sollen Augenleiden vorbeugen. Und wer die ersten drei Blütenknospen verschluckte, blieb das Jahr über gesund. Werden die Samen weggeblasen, lassen sich aus der Anzahl der am Blütenboden verbleibenden Samen zum Beispiel ablesen: Jahre, die man zu leben hat oder wann man heiratet und so weiter.

■ Spätzlesalat mit Löwenzahn und gebackenen Albkäsestangen

Zutaten für 5 Personen

Für den Spätzlesalat:

¹/₂	*kleine Zwiebel*
100 g	*Frühlingszwiebeln*
100 g	*Champignons*
20	*Löwenzahnblätter*
2 EL	*Butter*
20 ml	*weißer Balsamicoessig*
120 g	*fertige Spätzle*

Für die Käsestangen:

200 g	*würziger Albkäse*
2	*Eier*
40 g	*Mehl*
100 g	*Semmelbrösel*
	Fett zum Ausbacken

Zubereitung

1. Für den Spätzlesalat die Zwiebel schälen und in feine Würfel schneiden. Die Frühlingszwiebeln putzen, längs halbieren, waschen und in feine Streifen schneiden. Die Champignons putzen, trocken abreiben und in Scheiben schneiden. Die Löwenzahnblätter lauwarm waschen, trocken tupfen, einige zur Dekoration beiseitelegen, den Rest klein schneiden.

2. Die Butter in einer Pfanne erhitzen und die Zwiebelwürfel mit den Frühlingszwiebeln, den Champignonscheiben und den Löwenzahnblättern andünsten. Den Essig dazugießen, die Marinade vom Herd nehmen und unter die Spätzle mischen.

3. Für die Käsestangen den Albkäse in 1,5 cm dicke und 7 cm lange Stifte schneiden. Die Eier verquirlen und die Käsestifte zuerst in Mehl wenden, dann durch das Ei und zum Schluss durch die Semmelbrösel ziehen. Den Vorgang wiederholen und die Käsestangen jeweils in heißem Fett 1 bis 2 Minuten ausbacken. Herausnehmen und auf Küchenpapier abtropfen lassen.

4. Den Spätzlesalat auf Teller verteilen und die Albkäsestangen darauf anrichten. Nach Belieben bunte Blattsalate, frisches Brennnesselbrot oder Dinkelbaguette dazu servieren.

TIPP: *Anstelle normaler Spätzle kann man auch Schabzigerspätzle nehmen. Dafür 5 Eier mit 300 g Mehl verrühren. 10 g Schabzigerblätter hacken und mit 20 g Schabzigerpulver unter den Teig rühren. Die Spätzle in siedendes Salzwasser schaben, kalt abschrecken und vor der Verwendung in Butter schwenken.*

[Wilder Majoran/Oregano]

Origanum vulgare

*auch Dost, Echter oder Gemeiner Dost
und Wohlgemut genannt*

Saison: Die Sammelzeit von Wildem Majoran ist entsprechend der Vegetationsperiode von Mai bis Oktober. Wilder Majoran blüht im Juli und August.

Botanik und Fundort: Wilder Majoran gehört zur Familie der Lippenblütler (Lamiaceae) und wächst an warmen Standorten besonders gern auf kalkhaltigen Böden. Sowohl an sonnigen Hängen als auch im Halbschatten von lichten Wäldern sowie an Weg- und Waldrändern kann man den Wilden Majoran finden.

Inhaltsstoffe und Heilwirkung: Wilder Majoran enthält Gerb- und Bitterstoffe, ätherische Öle wie Thymol und Cymol sowie Vitamin C. Das Kraut wird sehr gern eingesetzt zur Behandlung von Verdauungsstörungen, zur Appetitanregung bei und nach schweren Erkrankungen und gegen Husten, Bronchitis und Asthma. Als Tee hilft Wilder Majoran, den Kopf zu klären. Er gilt als Muntermacher bei leichten Depressionen und stärkt die Nerven.

Verwendete Pflanzenteile: Man kann das ganze Kraut samt Blüte, frisch oder getrocknet, zum Würzen nehmen.

Gesundheitsrezepte: Zur Kräftigung der Haare lässt sich ein *Majoranhaartonikum* herstellen. Hierzu 3 EL der ganzen Pflanze (samt Blättern, Blüten und Stielen) nehmen und mit 500 ml Wasser abkochen, abkühlen lassen und anschließend in die Kopfhaut einmassieren. Für eine *Majoran-blähungssalbe* das Kraut zu gleichen Teilen mit Alkohol (zum Beispiel Wodka) vermischen und 1 Tag stehen lassen; dann die gleiche Menge frische Butter dazugeben und leicht erwärmen, bis die Butter schmilzt, alles abfiltern, in ein sauberes Gefäß füllen und kühl stellen. Tipp: Möglichst immer wieder frisch machen, da sich die Salbe nicht lange hält. Mit der Majoran-blähungssalbe kann man bei Verdauungsbe-schwerden sowohl den Bauch von Säuglingen als auch von Erwachsenen einreiben.

Aus dem Volksglauben: Majoran galt als Schutz-pflanze für Haus und Hof, zusammen mit Veilchen sollte das Kraut als Amulett getragen gegen Erkältungen wirken. Wilder Majoran ist eine Liebeszauberpflanze, die unter die Mahlzeiten gemischt werden muss. Das Wildkraut soll die sagenhafte Wurzel sein, mit der sich die Hirsche die Pfeile herausgezogen haben. Hexen wurden mit Majoran beräuchert, wenn sie ohnmächtig wurden bei der Folter, um sie vom Teufel zu lösen.

KÜCHENTIPP: *Wilder Majoran/Oregano wird insbesondere in der italienischen Küche sehr gern zum Würzen von allen Tomatengerichten wie Pizza und Saucen genommen, das Kraut passt aber auch zu Eier- und Fleischgerichten. Nach dem Trocknen des Krauts können die Blätter von den Stielen gezupft und dann trocken gelagert werden.*

■ Meidelstetter Linsenpolenta mit Wildem Majoran

Zutaten für 5 Personen

1	*Zwiebel*
150 g	*Linsen (z. B. Alb-Leisa-Linsen)*
30 g	*Wilder-Majoran-Blätter*
60 g	*Butter*
100 g	*Maisgrieß*
600 ml	*Gemüsebrühe*
600 ml	*Milch*
	Salz
	frisch geriebene Muskatnuss
100 g	*würziger Hartkäse oder Büffelkäse*

Zubereitung

1. Die Zwiebeln schälen und in feine Würfel schneiden. Die Linsen in der Getreidemühle fein mahlen. Die Majoranblätter waschen, trocken tupfen und klein schneiden.

2. In einem Topf etwa 1 EL Butter erhitzen, die Zwiebeln darin andünsten. Das Linsenmehl und den Maisgrieß hinzufügen und kurz unter Rühren mit andünsten.

3. Die Gemüsebrühe und die Milch dazugießen, mit Salz und Muskatnuss würzen und zugedeckt ziehen lassen, bis die Linsen und der Grieß gar sind.

4. Den Käse reiben und mit den Majoranblättern unter die Linsenpolenta rühren. Ein Blech mit etwa 1 EL Butter einstreichen, die Linsenpolenta etwa 1,5 cm hoch auf das Blech geben und glatt streichen. 2 bis 4 Stunden abkühlen lassen, anschließend in Rechtecke schneiden.

5. Die restliche Butter in einer Pfanne erhitzen und die Linsenpolenta-Stücke darin rundum goldbraun anbraten.

■ Gemüse-Kartoffel-Gratin mit Wildem Majoran

Zutaten für 5 Personen

300 g	*vorwiegend festkochende Kartoffeln*
1	*Aubergine*
1	*Zucchino*
100 g	*Champignons*
150 g	*Albzarella (Büffelmozzarella)*
10	*Kirschtomaten oder 2 Tomaten*
1/2 EL	*Butter*
5	*Stiele Rosmarin*
10	*Stiele Wilder Majoran*
5 EL	*Olivenöl*

Zubereitung

1. Die Kartoffeln waschen und in reichlich Salz-wasser weich kochen. Abgießen, pellen und in Scheiben schneiden. Die Aubergine und den Zucchino putzen, waschen und in Würfel schnei-den. Die Champignons putzen, trocken abreiben und in Scheiben schneiden. Den Albzarella ebenfalls in Scheiben schneiden. Die Kirschto-maten waschen und halbieren oder die Tomaten waschen, den Stielansatz entfernen und in Scheiben schneiden. Den Backofen auf 200 °C vorheizen.

2. Eine ofenfeste Form oder hohe Pfanne mit Butter einstreichen. Kartoffel- und Champignon-scheiben, Zucchini- und Auberginenwürfel in die Form geben und mit Salz und Pfeffer würzen.

3. Den Rosmarin und den Majoran waschen, trocken tupfen, die Blätter abzupfen und klein hacken. Über das Gemüse streuen und das Olivenöl darübergießen. Die Käsescheiben und Kirschtomaten darauf verteilen und alles noch-mals mit Salz und Pfeffer würzen. Das Gratin im vorgeheizten Backofen 25 bis 35 Minuten backen.

TIPP: *Noch feiner schmeckt das Gratin, wenn die Kartoffelscheiben, die Zucchini- und Auber-ginenwürfel vor dem Backen in etwas Butter angebraten werden.*

■ Geschnetzelte Lammleber mit Majoran-Zwetschgen-Sauce

Zutaten für 5 Personen

400 g	Lammleber
2	Schalotten
10–12	Zwetschgen
10	Stiele Wilder Majoran
5	Stiele Thymian
150 g	Butterschmalz
100 ml	Apfelessig
300 ml	Lammjus oder Bratensauce
	Salz
	Pfeffer aus der Mühle

Zubereitung

1. Die Lammleber waschen, trocken tupfen, die Haut abziehen und in feine Streifen schneiden. Die Schalotten schälen und in feine Würfel schneiden. Die Zwetschgen waschen, entsteinen und das Fruchtfleisch in feine Streifen schneiden. Den Majoran und den Thymian waschen, trocken tupfen, die Blätter abzupfen und klein hacken.

2. Das Butterschmalz in einer Pfanne erhitzen und die Leberstreifen von allen Seiten scharf darin anbraten. Die Leber aus der Pfanne nehmen und warm stellen.

3. Die Schalottenwürfel in der Pfanne andünsten und die Zwetschgenstreifen dazugeben. Den Apfelessig und den Lammjus dazugießen. Den Majoran und den Thymian unter die Sauce rühren.

4. Die Lammleber mit Salz und Pfeffer würzen, in die Zwetschgensauce geben, auf vorgewärmte Teller verteilen und sofort servieren. Nach Belieben Kartoffelpüree oder knusprige Bratkartoffeln dazu reichen.

■■■■■

TIPP: *Leber immer erst nach dem Braten würzen. Besonders gut passen dazu auch Vogelbeerkrapfen (siehe Rezept Seite 128).*

Gefülltes Schweinerückensteak mit Wildem Majoran

Zutaten pro Person

150 g	Schweinerücken (vom Schwäbisch-Hällischen Landschwein)
2–4	Stiele Wilder Majoran
30 g	Speisequark
	Salz
	Pfeffer aus der Mühle
1 EL	Butterschmalz

Zubereitung

1. Den Schweinerücken waschen, trocken tupfen und mit einem scharfen Messer eine Tasche einschneiden. Den Majoran waschen, trocken tupfen, die Blätter abzupfen und klein schneiden. Den Backofen auf 180 °C vorheizen.

2. Den Quark mit dem Majoran verrühren und mit Salz und Pfeffer würzen. Die Masse in die Fleischtasche füllen und diese mit einem Zahnstocher verschließen.

3. Das Butterschmalz in einer Pfanne erhitzen und das gefüllte Steak auf beiden Seiten anbraten, danach etwa 5 Minuten im vorgeheizten Backofen fertig garen. Nach Belieben das Meidelstetter Linsengemüse (siehe Rezept Seite 132) dazu reichen.

TIPP: *Als besonderen Pfiff noch frisch geriebenen Meerrettich unter die Quarkfüllung rühren.*

■ Gebackene Majoran-Frischkäse-Kugeln

Zutaten für etwa 15 Kugeln

300 g	*Weißbrot (getrocknet)*
15	*Stiele Wilder Majoran*
10	*Salbeiblätter*
5	*Eier*
500 g	*Ziegenfrischkäse*
40 g	*Mehl*
	Fett zum Ausbacken

Zubereitung

1. Das Weißbrot fein reiben. Den Majoran und den Salbei waschen, trocken tupfen und klein hacken. Unter die Weißbrotbrösel mischen. Die Eier verquirlen.

2. Den Ziegenkäse zu kleinen Kugeln formen. Zweimal hintereinander durch das Mehl, die Eier und die Majoran-Salbei-Brotbrösel ziehen.

3. Fett in einer Pfanne oder Fritteuse erhitzen und die Majoran-Frischkäse-Kugeln darin ausbacken. Herausnehmen und auf Küchenpapier abtropfen lassen.

■ Mit Majoran gefüllte Gans aus dem Ofen

Zutaten für 6–8 Personen

1	*Gans (à 4–4,5 kg)*
	Salz
	Pfeffer aus der Mühle
4	*Zwiebeln*
4	*Äpfel*
2	*Stiele Beifuß*
10	*Stiele Wilder Majoran*

Zubereitung

1. Von der Gans die halben Flügelknochen abschneiden und die Innereien herausnehmen. Die Gans waschen und trocken tupfen. Die Gans innen mit Salz und Pfeffer einreiben. Den Backofen auf 120 °C vorheizen.

2. Die Zwiebeln schälen und klein schneiden. Die Äpfel waschen, vierteln, vom Kerngehäuse befreien und klein schneiden. Den Beifuß und den Majoran waschen, trocken tupfen, die Blätter abzupfen und klein schneiden. Zwei Drittel der Kräuter mit den Zwiebeln und den Äpfeln mischen und die Masse in die Gans füllen. Die Öffnung mit Dressiernadel und Küchengarn zunähen. Mit einer Bratschnur die Gans dressieren, das heißt Flügel und Keulen ringsum festbinden. Die Gans außen mit Salz und den restlichen Kräutern würzen.

3. Einen Bräter 5 cm hoch mit warmem Wasser füllen und die Gans hineinsetzen. Die Gans im vorgeheizten Backofen bei 120 °C etwa 90 Minuten garen, dann den Ofen auf 160 °C erhitzen und weitere 60 Minuten garen. Danach bei 180 °C eine weitere Stunde garen. Zum Schluss den Ofen auf 200 °C erhitzen und die Gans 15 bis 20 Minuten knusprig backen. Achtung: Während des Bratvorgangs die Gans alle 15 Minuten mit dem ausgetretenen Bratensaft übergießen.

4. Die Gans aus dem Ofen nehmen. Den Fond abfetten und zur Sauce reduzieren. Die Gans tranchieren und mit der Füllung und der Sauce auf vorgewärmten Tellern anrichten. Nach Belieben Apfelrotkohl, Maronengemüse oder Kartoffelknödel dazu reichen.

———

TIPP: *Den Wilden Majoran im Herbst pflücken und in Sonnenblumenöl einlegen und pürieren. Die Gänseleber kann man (kurz angebraten und mit Hagebuttensherry abgelöscht) sehr gut zu einem knackigen Feldsalat servieren. Das ausgenommene und ausgelassene Gänseschmalz eignet sich zum Ansetzen von Rotkraut.*

[Rotklee] *Trifolium pratense*

auch Wiesenklee, Himmelsbrot, Honigklee, Hummellust, Sügerli, Zuckerblümli, Zuckerbrot genannt

Saison: Die Sammel- und Blütezeit von Rotklee reicht von April oder Mai bis September.

Botanik und Fundort: Der Rotklee gehört zur Familie der Hülsenfrüchtler (Fabaceae) und ist eine sogenannte Wetterpflanze, die bei Regen die Blätter zusammenfaltet. Rotklee bevorzugt frische, tiefgründige Ton- und Lehmböden. Man findet ihn überall auf fetten Wiesen, an Wegrainen und in lichten Wäldern.

Inhaltsstoffe und Heilwirkung: In Rotklee finden sich Flavonoide, Salicylate, Cumarine, Glykoside, Mineralstoffe und Vitamine. Der Rotklee enthält pflanzliche Hormone (Isoflavone), die ein zellschützendes Potenzial haben. Durch diesen Hormongehalt gehört Rotklee zu den wichtigen heimischen Pflanzen gegen Wechseljahrsbeschwerden der Frauen. Ein Teeaufguss aus den Blüten wird auch als entzündungshemmendes und blutreinigendes Mittel getrunken und hilft gegen Verstopfung und Appetitlosigkeit. Sitzbäder oder auch Umschläge aus der Pflanze werden bei Vaginalerkrankungen, Hautverletzungen und bei Ekzemen eingesetzt.

Verwendete Pflanzenteile: Die Blüten des Rotklees enthalten viel Nektar und schmecken wunderbar süß. Sie können Salate und Desserts optisch und aromatisch verfeinern. Die weiß blühende Art kann man ähnlich verwenden wie die rot blühende, die blasse Blütenfarbe wirkt optisch aber nicht ganz so stark.

Gesundheitsrezepte: Aus Klee kann man ein Fruchtbarkeitsmittel und ein Lebenselixier herstellen: Für das *Rotklee-Fruchtbarkeitsmittel* 1 Handvoll frische Rotkleeblüten mit 1 EL Pfefferminzblättern und 2 EL Himbeerblättern mischen und mit 1 l kaltem Wasser übergießen, einige Stunden stehen lassen und anschließend abseihen und

über den Tag verteilt trinken. Um eine Wirkung zu erzielen, ist eine Kur von 2 Monaten Dauer nötig. Für das *Rotklee-Lebenselixier* 2 Handvoll Kleeblüten, 2 Handvoll Zitronenmelisse, je 1 TL Tausendgüldenkraut, Wermut und Rosmarin mit 1 l Kornbrand oder Wodka vermischen und 14 Tage in der Wärme stehen lassen, täglich schütteln, danach abseihen. Je 1 EL der Mischung mit 1 Tasse heißem Wasser verrühren und mit Honig oder Kandis süßen, 2-mal täglich trinken.

Aus dem Volksglauben: Klee gilt in seiner vierblättrigen Form schon lange als Glücksbringer, aber auch die dreiblättrige Form hat es in sich. Wer ein Kleeblatt bei sich trägt, erhält die Gabe, Feen, Zauberer und Hexen zu erkennen. Der zweiblättrige Klee bringt zumindest in Südtirol Glück, der fünfblättrige wird unterschiedlich betrachtet – sowohl als Unglücks- als auch als Glücksbringer. In der christlichen Symbolsprache wurde der dreiblättrige Klee als Zeichen für die Dreifaltigkeit angesehen, der vierblättrige symbolisierte das Kreuz Jesu.

KÜCHENTIPP: *Kleeblüten sind sehr empfindlich. Damit sie nicht verwelken, sollte man die Blumen erst kurz vor der Verwendung pflücken – am besten vormittags, wenn sich die Blüten gerade öffnen. In einer Schale mit Wasser lassen sich die Kleeblüten aber auch einige Stunden frisch halten.*

■ Rotklee-Orangensalat mit Apfel-Nuss-Vinaigrette

Zutaten für 5 Personen

Für den Salat:

15	*Rote-Bete-Blätter*
20	*Gierschblätter*
20	*Knoblauchsraukenblätter, alternativ Löwenzahnblätter*
20–30	*Kleeblüten*
2	*Orangen*
10–15	*Erdbeeren*

Für die Apfel-Nuss-Vinaigrette:

1	*Apfel*
40 g	*Macadamianüsse*
50 ml	*weißer Balsamicoessig*
100 ml	*Gemüsebrühe*
	Salz
	Pfeffer aus der Mühle
1 TL	*Honig*
75 ml	*Olivenöl*

Zubereitung

1. Für den Salat die Rote-Bete-Blätter, die Giersch- und Knoblauchsraukenblätter waschen, trocken tupfen und in mundgerechte Stücke zupfen. Die Kleeblüten vorsichtig abbrausen und trocken tupfen. Die Orange so schälen, dass auch die weiße Haut mit entfernt wird. Die Fruchtfilets aus den Trennhäuten schneiden. Die Erdbeeren waschen, putzen und trocken tupfen.

2. Für die Vinaigrette den Apfel vierteln, vom Kerngehäuse befreien und fein reiben. Die Nüsse ohne Fett in einer Pfanne anrösten und danach fein mahlen.

3. Den Essig mit der Brühe vermischen, mit Salz, Pfeffer und Honig würzen, dann das Öl unterschlagen.

4. Rote-Bete-Blätter, Giersch, Knoblauchsrauke und Kleeblüten in eine Schüssel geben, mit der Vinaigrette vermischen und den Salat auf Teller verteilen. Mit den Orangenfilets und den Erdbeeren garniert servieren.

[Salbei] *Salvia pratensis*

auch Wiesensalbei, Wilder Salbei, Schafzunge, Edelsalbei, Kreuzsalbei, Müsliblätter, Rauchsalbei, Sabikraut, Salver, Scharlachkraut genannt

Saison: Das Sammeln von Salbeiblättern ist nahezu das ganze Jahr über möglich, selbst im Winter kann man die Blätter des Heilsalbeis im Freien ernten. Wiesensalbei blüht von Mai bis Juli.

Botanik und Fundort: Der Wiesensalbei gehört zur Familie der Lippenblütler (Lamiaceae) und benötigt einen sehr sonnigen Standort. Er wächst auf kalkhaltigen, nährstoffreichen Böden. Daher findet man ihn auf trocken-warmen Fettwiesen, auf Kalkmager- oder Halbtrockenrasen.

Inhaltsstoffe und Heilwirkung: Salbei (sowohl der Wiesen- als auch der Heilsalbei) enthält Bitter- und Gerbstoffe, ätherisches Öl, Harz, Gummi, Saponine und Glykoside. Dementsprechend hat Salbei nicht nur eine entzündungshemmende und keimtötende, sondern auch eine krampflösende und schweißhemmende Wirkung. Salbei hilft gegen Nasen- und Rachenerkrankungen, gegen Koliken der Galle und Nieren, bei Verdauungsstörungen und Durchfall. Auch kann er Fuß- und Achselschweiß verhindern helfen. Salbei ist ein unverzichtbarer Bestandteil von Erkältungs- und Hustentees. Der Wiesensalbei weist zwar ähnliche Inhaltsstoffe wie der Heilsalbei auf, doch seine Wirkung ist etwas geringer als die des Heilsalbeis. Salbei ist seit langer Zeit Bestandteil desinfizierender und klärender Räuchermischungen.

Verwendete Pflanzenteile: Sowohl die Blätter als auch Blüten des Wiesensalbeis sind essbar. Da beide zwar ähnliche Wirkstoffe aufweisen wie die des Heilsalbeis, jedoch ein nicht ganz so starkes, bitteres Aroma besitzen, eignen sie sich besonders gut als Küchengewürz und sind in der Wildkräuterküche sehr beliebt.

Gesundheitsrezepte: Der Heilsalbei sollte in keinem Garten fehlen, denn wer täglich ein frisches Salbeiblatt kaut, bleibt lange gesund. Man kann sich auch einen *Salbeiwein* zubereiten: Dafür 1 Handvoll Salbeiblätter mit 700 ml süßem Wein übergießen, 10 Tage stehen lassen, abfiltern und jeden Tag ein kleines Gläschen davon trinken. Auf diese Weise kann man sich vor Erkältungskrankheiten schützen.

Aus dem Volksglauben: Die heilige Familie fand auf der Flucht nach Ägypten vor ihren Verfolgern Schutz unter einem Salbeistrauch, deshalb erhielt er die Kraft, Menschen vor Krankheiten zu bewahren. Kein Wunder also, dass Sprüche überliefert sind wie: »Wer auf Salbei baut – den Tod kaum schaut« oder: »Warum soll der Mensch sterben, dem Salbei im Garten wächst?«. Die starke Heilwirkung dieser Pflanze war demnach allseits bekannt. Außerdem soll ein Sträußchen Salbei das Einschlafen während der Predigt in der Kirche verhindern. Und Wiesensalbei in Scheunen und Vorratskammern gelegt, soll gegen Mäuse helfen, aber nur, wenn er am 4. Juli mittags gegen 12 Uhr gepflückt wurde.

KÜCHENTIPP: *Da Salbei ein robustes und aromastarkes Kraut ist, kann man ihn auch in Fett braten, was seine Bekömmlichkeit und seinen Geschmack sogar verbessert.*

■ Gebratener Bachsaibling mit Salbeifüllung

Zutaten für 1–2 Personen

1	*Saibling (à 400 g)*
	Salz
	Saft von 1 Zitrone
je 5	*Stiele Majoran, Thymian, Wilder Salbei*
80 g	*Butterschmalz*

Zubereitung

1. Zum Ausnehmen den Saibling vom Kopf bis zum Schwanz am Bauch etwa 1 cm tief einschneiden und die Innereien entfernen. Den Saibling waschen und trocken tupfen. Auf beiden Seiten im Abstand von 3 cm zweimal schräg einschneiden, mit Salz und der Hälfte des Zitronensafts würzen.

2. Die Wildkräuter waschen, trocken tupfen, die Blätter abzupfen und klein hacken. Den Saibling mit den Wildkräutern füllen. Den Backofen auf 180 °C vorheizen.

3. Das Butterschmalz in einer Pfanne erhitzen und den Saibling darin auf beiden Seiten kurz anbraten. In eine ofenfeste Form geben oder in der Pfanne im vorgeheizten Backofen 12 bis 15 Minuten fertig garen.

4. Den Fisch herausnehmen und mit dem restlichen Zitronensaft beträufelt servieren. Dazu am besten Wildkräuterbutter-Rosetten (siehe Rezept rechts) reichen.

TIPP: *Die nebenan beschriebenen Wildkräuterbutter-Rosetten passen gut zu allen Fisch- und Fleischgerichten und eignen sich hervorragend zum Verfeinern von Saucen.*

■ Wildkräuterbutter-Rosetten

Zutaten für 50 Rosetten

2	Knoblauchzehen
40 g	Bärlauchblätter
2–4 g	Thymianblätter
10 g	Rosmarinblätter
25 g	Petersilienblätter
25 g	Wilder-Majoran-Blätter
10 g	Wiesensalbeiblätter
10 g	Spitzwegerichblätter
500 g	weiche Butter
10 g	Salz
2–3 g	weißer Pfeffer aus der Mühle
2 g	Paprikapulver (edelsüß)
1 EL	Zitronensaft
1 EL	trockener Sherry

Zubereitung

1. Den Knoblauch schälen und in feine Würfel schneiden. Die Blätter von Bärlauch, Thymian, Rosmarin, Petersilie, Majoran, Wiesensalbei und Spitzwegerich waschen, trocken tupfen und klein hacken.

2. Die Butter in einer Schüssel schaumig schlagen und die Kräuter unterrühren, mit Salz, Pfeffer, Paprikapulver, Zitronensaft und Sherry würzen.

3. Die Buttermasse in eine Spritztüte füllen und nacheinander Rosetten herausdrücken. Die Rosetten sofort verwenden oder im Tiefkühlfach einfrieren.

[Schafgarbe] *Achillea millefolium*

auch Blutstillkraut, Achillesgarbe, Zimmermannskraut, Bauchwehkraut, Grundheil, Schafrippenkraut, Soldatenkraut, Tausendblatt genannt

Saison: Die Gemeine Schafgarbe blüht von Juni bis Oktober, die Sammelzeit für die verwendeten Pflanzenteile liegt in diesem Zeitraum, die hauptsächlichen Erntemonate sind Juni und Juli.

Botanik und Fundort: Die Gemeine Schafgarbe gehört zur Familie der Korbblütler (Asteraceae), wobei hier Köpfchenblüten mit Röhren- und Zungenblüten vorliegen. Alle Schafgarbenarten haben einen aromatischen Duft; sie vertragen keine Staunässe und brauchen viel Sonne. Sie finden sich sehr häufig in Wiesen, an Feld- und Wegrändern. Aber auch im Garten siedeln sich Schafgarben gern an. Sie verleihen den Nachbarpflanzen Widerstandsfähigkeit und verstärken deren Duft.

Inhaltsstoffe und Heilwirkung: Die Schafgarbe enthält unter anderem Kampfer, Thujon, Eukalyptol, Gerb- und Bitterstoffe, Flavonoide, Cumarine und einige Mineralstoffe. Daraus ergibt sich ihr großes Wirkungsspektrum, denn das Kraut kann aufgrund seiner entzündungshemmenden Eigenschaften bei Magen-Darm-Erkrankungen, grippalen Infekten sowie Hals- und Rachenerkrankungen helfen. Schafgarbe wird außerdem gegen Blasen- und Nierenbeschwerden eingesetzt, lindert Darm-, Gallen- und

Menstruationskrämpfe und regt den Kreislauf an. Ihre antiseptische Wirkung lindert Gastritis und Lungenerkrankungen. Äußerlich angewandt lassen sich auch Hautprobleme mit der Schafgarbe behandeln.

Verwendete Pflanzenteile: Alle oberirdischen Teile, also Stängel, Blätter und Blüten finden Verwendung in der Hausapotheke. Blätter und Blüten dienen in der Küche als Gewürz und Wildgemüse.

Aus dem Volksglauben: Um diese Heilpflanze rankt sich so manche wundersame Legende: Wer zum Beispiel Schafgarben bei sich trägt, steht unter ihrem Schutz. Da sie dem Menschen Mut und Liebe verleihen, wurden Schafgarbenbüschel einst als Hochzeitsdekoration über die Ehebetten gehängt, um die eheliche Liebe lang zu erhalten. Schafgarbe lindert den Blutfluss bei Verletzungen – Josef als Zimmermann soll sie von Jesus erhalten haben, nachdem er sich stark verletzt und geblutet hatte. Auch Achilles, der Held des trojanischen Krieges, soll die Pflanze zur Wundheilung verwendet haben, daher auch ihr Gattungsname Achillea. Der Duft der Schafgarbe beruhigt, fördert als Beigabe im Kräuterkissen den Schlaf und schenkt gute Träume. Junge Mädchen, auf ein Schafgarbenkissen gebettet, sollen ihren Liebsten im Traum sehen. Auch gute Freunde und wohlgesinnte Menschen werden durch die Schafgarbe angezogen.

Gesundheitsrezepte: In Kombination mit Kamille, Zinnkraut oder Frauenmantel wirkt Schafgarbe als Tee gegen das Bettnässen der Kinder. Ein *Schafgarben-Holunderblüten-Tee* kann das Ausbrechen einer Erkältung verhindern. Hierfür von der Schafgarbe die Blätter, Blüten und Stängel und vom Holunder die Blüten jeweils zu gleichen Teilen verwenden. 2 bis 3 TL Schafgarbe-Holunderblüten-Gemisch mit 250 ml heißem Wasser übergießen, etwa 10 Minuten ziehen lassen, abseihen und noch heiß trinken. Ein starker *Schafgarbenabsud* wirkt äußerlich als Auflage bei Frostbeulen, Rheumaschmerzen, unreiner Haut, Ausfluss und Krampfadern. Auch Nasenbluten lässt sich mit einem in Schafgarbentee getauchten Wattestäbchen stillen. Als Gesichtswasser belebt und reinigt Schafgarbe die Haut, als Salbe hilft sie in Kombination mit Hamamelis gegen Hämorrhoiden.

KÜCHENTIPP: *Wer auch im Winter Schafgarben verwenden möchte, bündelt das ganze blühende Kraut und lässt es an einem trockenen, schattigen Ort trocknen. Danach kann man das getrocknete Kraut (mit der Schere) zerkleinern und kühl, trocken und lichtgeschützt aufbewahren.*

■ Lammmedaillons im Schafgarbenmantel auf Pastinakengemüse

Zutaten für 5 Personen

Für die Medaillons:

700 g	Lammoberschale
	Salz
	Pfeffer aus der Mühle
2 EL	Knoblauchöl
300 g	Weißbrot (getrocknet)
20–30	Stiele Schafgarbe
3–4	Stiele Thymian
4	Eier
	Mehl zum Panieren
200 g	Butterschmalz

Für das Pastinakengemüse:

80 g	Schalotten
700 g	Pastinaken
10	Stiele Wilde Möhre
50 g	Butter
	Salz
	frisch geriebene Muskatnuss
200 g	Sahne
200 ml	Geflügelbrühe

Zubereitung

1. Für die Lammmedaillons das Fleisch waschen, trocken tupfen, von Fett und Sehnen befreien und in Medaillons schneiden. Mit Salz und Pfeffer würzen und rundum mit Knoblauchöl einreiben. Den Backofen auf 150 °C vorheizen.

2. Die Rinde vom Weißbrot schneiden und den Rest fein reiben. Die Schafgarbe und den Thymian waschen, trocken tupfen und die Blätter abzupfen. Die Blätter klein schneiden und unter die Brotbrösel mischen, mit Salz und Pfeffer würzen.

3. Die Eier verquirlen und die Lammmedaillons zuerst durch das Mehl, dann durch die Eier ziehen, mit dem Brotbrösel-Kräuter-Gemisch panieren und beiseitestellen.

4. Für das Pastinakengemüse die Schalotten schälen und in feine Würfel schneiden. Die Pastinaken putzen, schälen und in dünne Scheiben schneiden, in Salzwasser 2 bis 3 Minuten vorkochen. Die Wilde Möhre waschen, trocken tupfen, die Blätter klein hacken.

5. Die Butter in einem Topf erhitzen, die Schalotten darin andünsten, die Pastinaken dazugeben und mit Salz, Muskatnuss und Wilder Möhre würzen. Die Sahne und die Brühe dazugießen und das Gemüse auf schwacher Hitze köcheln lassen.

6. Inzwischen das Butterschmalz in einer Pfanne erhitzen, die Lammmedaillons darin anbraten und im vorgeheizten Backofen etwa 3 Minuten gar ziehen lassen.

7. Die Medaillons aus dem Ofen nehmen, auf vorgewärmte Teller verteilen und mit dem Pastinakengemüse angerichtet servieren.

[Wilde Sommerbeeren]

1 *Walderdbeere, Fragaria vesca, auch Monatserdbeere, Rotbeere, Besingkraut, Darmkraut, Erbel, Flohbeere, Rote Besinge genannt*

2 *Brombeere, Rubus fruticosus, auch Bramel, Brambeere, Brennbeere, Feldschwarzbeere, Frombeere, Hirschbollen, Hundbeere, Kratzbeere, Schwarze Haubeere genannt*

3 *Himbeere, Rubus idaeus, auch Runzelbeere, Hochbeere, Mutterbeere, Ambas, Hohlbeere, Katzenbeere, Madebeere, Mollbeere, Rutzelbeere, Waldhimmelbeere genannt*

Saison: Die Blütezeit der Walderdbeere geht von April bis Juni, an sonnigen Stellen tragen einzelne Pflanzen auch bis zum Winterfrost Blüten und Früchte. Brombeersträucher blühen von Mai bis in den Winter. Die Hauptsammelzeit der Sommerbeeren sind die Monate Juli und August.

Botanik und Fundort: *Walderdbeeren, Brombeeren und Himbeeren* gehören alle zur Familie der Rosengewächse (Rosaceae). Walderdbeeren gedeihen besonders gut auf humus- und nährstoffreichen Böden in lichten Laub- und Nadelwäldern. Brombeeren wachsen fast überall zumeist mit meterlangen Ranken. Brombeeren weisen starke Stacheln auf. Himbeeren siedeln bevorzugt auf humosem Boden in sonnigen, warmen Lagen.

Inhaltsstoffe und Heilwirkung: Blätter und Wurzeln der Walderdbeeren können zur Behandlung von Durchfällen, bei entzündlichen Munderkrankungen und Hals-Rachen-Erkrankungen eingesetzt werden, da sie Flavonoide, Salicylsäure und Gerbstoffe enthalten. In Walderdbeeren stecken sehr viel Vitamin C, Vitamin B1 und B2, Karotin sowie Eisen und Kalzium. Brombeeren sind ebenfalls reich an Vitaminen, Mineralstoffen und Flavonoiden, die das Immunsystem stärken. Brombeer- und Himbeerblätter zusammen mit Huflattich und Thymian lindern Husten; Brombeer- und Himbeerblätter in Kombination mit Lindenblüten oder Holunderblüten werden bei Fieber eingesetzt, und zusammen mit Kamillenblüten oder Pfefferminzblättern helfen sie gegen Blähungen.

Verwendete Pflanzenteile: Wie bei den Brombeeren kann man auch die Blätter der Walderdbeeren, die jungen Triebe und vor allem die Früchte verwenden. Letztere sind natürlich am beliebtesten, da sie roh gegessen ein unvergleichliches Aroma bieten, weit entfernt von der Wässrigkeit der Kulturerdbeeren. Die frischen hellgrünen, ganz oben an den Zweigen sitzenden Brombeerblätter können getrocknet werden und schmecken dann wie Schwarzer Tee, aber ohne Teein. Von den Himbeeren können ebenfalls die Blätter als Tee zubereitet werden und die wunderbaren Früchte zu allen Arten von Marmelade, Saft und Süßspeisen.

Gesundheitsrezepte: Für eine wohlschmeckende *Teemischung aus Beerenblättern* für jeden Tag und für jedes Alter 1 Teil Brombeerblätter, 1 Teil Himbeerblätter, 1 Teil Erdbeerblätter, 1/2 Teil Rosenblätter, 1/2 Teil Johannisbeerblätter und 1/2 Teil Malvenblüten mischen, (pro Tasse 1 TL Blättergemisch) mit heißem Wasser aufgießen, 3 bis 5 Minuten ziehen lassen, abseihen und genießen. Ein leicht herstellbares Lebenselixier ist der *Brombeerschnaps.* Dafür 500 g zerdrückte, reife Brombeeren mit 750 ml Korn in ein weithalsiges Glasgefäß geben und an der Sonne 6 Wochen stehen lassen. Abfiltern, 500 g Zucker mit 250 ml Wasser vermischen und unter den Alkohol mischen, gut verrühren und in saubere Flaschen abfüllen. Auch heute noch können Himbeerblätter dazu beitragen, Frauen das Gebären zu erleichtern. Hierzu trinkt man ab dem 7. Schwangerschaftsmonat jeden Tag eine Tasse *Himbeerblättertee.*

Für einen aromatischen *Himbeeressig* 1 kg Himbeeren mit 200 ml Weinessig verrühren und über Nacht stehen lassen, danach auspressen und mit 600 g Zucker pro Liter Saft vermischen. Unter ständigem Rühren 1 Stunde kochen lassen, bis die Mischung eingedickt ist, dann in saubere Flaschen füllen. Für einen *Himbeerlikör* 1 l Himbeersaft aus frisch gepressten Früchten mit 500 g Zucker, 1 Zimtstange, 2 Gewürznelken und 2 l gutem Cognac vermischen und an einen sonnigen Platz stellen. Diese Mischung etwa 1 Woche stehen lassen, dann filtern und in Glasflaschen abfüllen. Der Likör muss nun mindestens 3 Monate ruhen.

Aus dem Volksglauben: Unter den Ranken der Brombeeren durchzukriechen, sollte streitenden Ehepaaren helfen, die Harmonie wieder herzustellen. Und Kinder, die nicht laufen lernen wollten, ließ man durch die Ranken krabbeln. Brombeerzweige über den Stalltüren schützten das Vieh vor Verhexung und bösen Geistern. Trolle und Druden sollten sich in den Hecken verfangen, um bei Sonnenaufgang zu sterben. Himbeeren gehören wie Erdbeeren und Brombeeren zu den Früchten, die die Menschen schon lange begleiten. Nach der Ernte gab man früher den Pflanzen immer in Form einer kleinen Opfergabe einen Dank zurück. Eine schöne Idee, die man durchaus auch heute noch fortsetzen könnte.

KÜCHENTIPP: *Walderdbeeren, Brombeeren und Himbeeren zu Marmelade verkocht, lassen sich zum Beispiel auch sehr gut mit Holunderblüten mischen oder mit Zitronenmelisse veredeln. Der Fantasie sind dabei keine Grenzen gesetzt.*

■ Erdbeer-Kräuter-Bowle

Zutaten für ein großes Fest

je 2	*Stiele Zitronenmelisse, Salbei und Minze*
je 1	*Stiel Rosmarin und Waldmeister*
2	*Flaschen Weißwein (z. B. Grauburgunder)*
400 g	*frische Walderdbeeren*
1 l	*Sekt oder Wasser*

Zubereitung

1. Die Zitronenmelisse, den Salbei, die Minze, den Rosmarin und den Waldmeister waschen, trocken tupfen und die Stiele leicht anquetschen.

2. Zusammen in eine große Glasschale geben und mit dem Weißwein übergießen. Etwa 2 bis 3 Stunden ziehen lassen.

3. Die Walderdbeeren putzen, waschen und leicht andrücken. In die Kräuter-Wein-Mischung geben, den Sekt oder das Wasser dazugießen und sofort servieren.

Wildblütensalat mit Walderdbeeren

Zutaten (keine Mengenangaben, einfach beim Spazierengehen sammeln und vermischen)

Löwenzahnblätter
Brennnesselblätter
Schafgarbenblätter
Frauenmantelblätter
Spitzwegerichblätter
Gierschblätter
Sauerampferblätter
Ringelblumenblüten
Wilder-Salbei-Blüten
Veilchenblüten
Walderdbeeren zum Garnieren
Johanniskraut-Gurken-Vinaigrette
(siehe Rezept Seite 66)

Zubereitung

1. Die Wildkräuterblätter waschen, trocken tupfen und in mundgerechte Stücke zupfen. Die Wildblüten vorsichtig abbrausen und trocken tupfen. Die Walderdbeeren putzen, waschen und trocken tupfen.

2. Die Wildkräuterblätter in eine Salatschüssel geben und mit der Johanniskraut-Gurken-Vinaigrette marinieren. Den Salat mit den Wildblüten und den Walderdbeeren garniert servieren.

TIPP: *Den Wildblütensalat kann man sehr gut mit Kopfsalat oder bunten Sommersalaten ergänzen.*

■ Himbeervinaigrette

**Zutaten für 1 Flasche
Himbeervinaigrette (à 600 ml)**

3	*Schalotten*
30 g	*frische Himbeeren*
5	*Stiele Kerbel*
2	*Stiele Dill*
2	*Stiele Borretsch*
100 ml	*Himbeeressig (siehe Rezept Seite 106)*
200 ml	*Gemüsebrühe*
	Salz
	Pfeffer aus der Mühle
1 TL	*Honig*
150 ml	*Sonnenblumenöl*

Zubereitung

1. Die Schalotten schälen und in feine Würfel schneiden. Die Himbeeren kurz abbrausen und trocken tupfen. Die Kräuter waschen, trocken tupfen, die Blätter beziehungsweise Spitzen abzupfen und fein hacken.

2. Den Essig und die Brühe in ein Mixgefäß geben. Mit Salz, Pfeffer und Honig würzen. Die Schalotten, die Himbeeren, die Kräuter und das Öl hinzufügen, alles mit dem Pürierstab leicht schaumig aufrühren. Das Dressing in eine saubere Flasche füllen.

■ Heidelbeeren und Himbeeren auf Wildkräutersalat

Zutaten (keine Mengenangaben, einfach beim Spazierengehen sammeln und vermischen)

Löwenzahnblätter
Hirtentäschelblätter
Brunnenkresse
Borretschblätter
Spitzwegerichblätter
Gierschblätter
Kleiner-Wiesenknopf-Blätter
Schafgarbenblätter
Sauerampferblätter
Heidelbeeren
Himbeeren
Himbeervinaigrette (siehe Rezept links)

Zubereitung

1. Die Wildkräuterblätter waschen, trocken tupfen und nach Bedarf in mundgerechte Stücke zupfen. Die Heidelbeeren und die Himbeeren kurz abbrausen und trocken tupfen.

2. Die Wildkräuterblätter in eine Salatschüssel geben und mit der Himbeervinaigrette marinieren.

3. Den Salat auf Teller verteilen und mit den Beeren anrichten. Nach Belieben gebackene Zucchinischeiben oder gebratene Pfifferlinge (siehe Tipp unten) darübergeben.

TIPP: *Auf den Salat kann man gebackene Zucchinischeiben oder gebratene Pfifferlinge geben. Dafür 1 Zucchino (à 250 g) putzen, in Scheiben schneiden und mit Salz und Pfeffer würzen. 2 Eier mit 100 g geriebenen Albkäse vermengen, die Zucchinischeiben in Mehl wenden, danach durch die Ei-Käse-Masse ziehen und in einer Pfanne mit Öl goldgelb braten. Für die Pfifferlinge etwa 80 g Pfifferlinge putzen mit 50 g Zwiebelwürfeln in einer Pfanne mit Butter andünsten, mit Salz, Pfeffer und Knoblauch würzen.*

[Spitzwegerich/Breitwegerich]
Plantago lanceolata/Plantago major

*auch Wegerich, Aderkraut, Heudich,
Spießkraut, Lungenblatt, Schlangenzunge genannt*

Saison: Die Blütezeit von Spitzwegerich erstreckt sich von Mai bis September.

Botanik und Fundort: Spitz- und Breitwegerich gehören zur Familie der Wegerichgewächse (Plantaginaceae) und wachsen weit verbreitet, vor allem auf Fettwiesen, an Wegen und Äckern sowohl an sonnigen als auch schattigen Stellen.

Inhaltsstoffe und Heilwirkung: Wegerich, besonders der Spitzwegerich, enthält Schleim-, Gerb- und Bitterstoffe, Aucubin, Emulsin, Labenzym und Kieselsäure. Der Wegerich gilt als eine der besten Lungenheilpflanzen und hilft bei Bronchitis, Husten und Asthma. Er wirkt blutstillend bei Blutungen aller Art (innerliche und äußerliche), wundheilend und entzündungshemmend; er ist ein natürliches Antibiotikum, unterstützt das Immunsystem, regt die Niere und den Stoffwechsel an und kann daher für eine Entschlackungskur genommen werden. Erleidet man unterwegs eine Verletzung, wird gestochen oder bekommt Blasen an den Füßen, zerreibt man einige Wegerichblätter und legt eine dicke Packung auf die verletzte Haut. Die Pflanzenpackung kühlt sofort, die Wunden heilen sehr schnell und Entzündungen wird vorgebeugt.

Verwendete Pflanzenteile: Die frischen Blätter kann man im Salat oder als Wildgemüse genießen. Die Spitzwegerichknospen werden in einer Suppe verkocht, die ein angenehmes Pilzaroma entwickelt. Für den Teeaufguss kann das ganze Kraut getrocknet werden.

Gesundheitsrezepte: Gegen Lungenerkrankungen kann man einen *Spitzwegerichsirup* herstellen: Dafür je 200 g Spitzwegerichblätter und Breitwegerichblätter mit 1 l Wasser pürieren, aufkochen lassen und mit 5 EL Honig vermischen. Oder: 100 g Spitzwegerichblätter zerkleinern, mit 500 ml Wasser übergießen und aufkochen lassen, 3 Zweige Thymian hinzufügen und 1 Stunde stehen lassen. Anschließend abfiltern und mit 500 g Honig zu einem Sirup verkochen. Für äußere Anwendungen, zum Einreiben von Brust und Rückenbereich bei Husten, aber auch gegen Verspannungen und Schmerzen hilft ein *Spitzwegerichheilöl*. Dafür frische Wegerichblätter waschen, klein schneiden, in ein Glas geben, mit Sonnenblumenöl übergießen und an der Sonne 3 Wochen stehen lassen. Abfiltern und mit Vitamin E (aus der Apotheke) konservieren.

Aus dem Volksglauben: Wegen seines breiten Heil- und Wirkspektrums gehörte der Wegerich zu den heiligen Pflanzen und wurde von den Medizinleuten als Allesheiler angesehen. Besonders für das fahrende Volk war der Wegerich Freund und Beschützer, konnte er doch gleich am Weg gepflückt werden. Die Wurzel um den Hals gehängt, schützte vorbeugend vor der Pest, Fieberanfällen, Dämonen und dem Hinken. Bei Schlangen- und Hundebissen und bei Skorpion- und Insektenstichen kamen seine blutstillenden, antitoxischen, entzündungshemmenden und juckreizlindernden Eigenschaften zum Tragen. Pilger legten sich vor allem den Breitwegerich gegen wunde Füße in die Schuhe.

KÜCHENTIPP: *Pro Mahlzeit je Person nicht mehr als 4 bis 6 Blätter des Wegerichs verwenden, da die Inhaltsstoffe sehr konzentriert sind und ein empfindlicher Darm mit Durchfall darauf reagieren kann.*

■ Mit Lachsforelle und Spitzwegerich gefüllte Flädle

Zutaten für 5 Personen (als Vorspeise)

Für die Flädle:

50 g	Mehl
150 ml	Milch
2	Eier
	Salz
	frisch geriebene Muskatnuss
10	Stiele Spitzwegerich pro Flädle
40 g	Butter

Für die Füllung:

1/2	Zitrone
1	kleines Bund Dill
250 g	Sauerrahm
	Salz
	Pfeffer aus der Mühle
150 g	gebeiztes Lachsforellenfilet pro Flädle

Zubereitung

1. Für die Flädle das Mehl mit der Milch glatt rühren, die Eier dazugeben und unterrühren. Mit Salz und Muskatnuss würzen. Den Spitzwegerich waschen, trocken tupfen und die Blätter abzupfen, die Hälfte der Blätter klein schneiden, den Rest beiseitelegen.

2. Die klein geschnittenen Blätter unter den Teig rühren. Die Butter in einer Pfanne erhitzen und nacheinander dünne Pfannkuchen backen.

3. Die Flädle mit den beiseitegelegten Spitzwegerichblättern belegen. Die Zitrone auspressen. Den Dill waschen, trocken tupfen und die Spitzen klein hacken. Den Sauerrahm mit Salz, Pfeffer, Zitronensaft und Dill verrühren und gleichmäßig auf die Flädle streichen. Den Backofen auf 100 °C vorheizen.

4. Das Lachsforellenfilet in dünne Scheiben schneiden und auf die Sauerrahm-Masse legen. Die Flädle zusammenrollen, in eine ofenfeste Form setzen und im vorgeheizten Backofen etwa 5 Minuten bei Umluft fertig backen.

5. Die Flädle aus dem Ofen nehmen, schräg aufschneiden und nach Belieben mit einem frischem Salat servieren.

■ Spitzwegerich-Carpaccio mit Ehestetter Champignons

Zutaten für 5 Personen

30	*Spitzwegerichblätter*
12	*mittelgroße Champignons*
	Rosenblütensalz
	Pfeffer aus der Mühle
5 EL	*Haselnussöl oder Bucheckernöl*
4 EL	*weißer Balsamicoessig*
60 g	*frittierte Rote-Bete-Raspel*
	(siehe Rezept Seite 22)

Zubereitung

1. Die Spitzwegerichblätter waschen und trocken tupfen. Die Champignons putzen, trocken abreiben und in feine Scheiben schneiden.

2. Abwechselnd mit den Spitzwegerichblättern auf die Teller legen. Mit Rosenblütensalz und Pfeffer aus der Mühle würzen, mit dem Haselnussöl und dem Balsamicoessig beträufeln und mindestens 30 Minuten ziehen lassen. In die Mitte die Rote-Bete-Raspel setzen.

TIPP: *Je länger man das Carpaccio nach dem Marinieren ziehen lässt, desto besser kommt der Pilzgeschmack des Spitzwegerichs zur Geltung.*

[Weiße Taubnessel] *Lamium album*

auch Todnessel, Zauberkraut, Bienensaug, Daunettel, Honigblom, Sugblom, Weiße Nesselblume, Zahme Essle genannt

Saison: Die weiße Taubnessel blüht von April bis Oktober. Die beste Sammelzeit geht von Mai bis Juli.

Botanik und Fundort: Taubnesseln gehören zur Familie der Lippenblütler (Lamiaceae) und wachsen besonders auf stickstoffreichen Böden im Halbschatten, aber auch in der vollen Sonne. Man findet sie an Weg- und Wiesenrändern, an Gräben und Hecken.

Inhaltsstoffe und Heilwirkung: Taubnesseln enthalten Schleim- und Gerbstoffe, Saponine, ätherische Öle, Cholin, Flavonoide und Histamine. Ihre schleimlösende Wirkung wird bei Bronchitis genutzt, ihre blutreinigende Wirkung bei Stoffwechsel- und Hauterkrankungen. Man verordnet sie gegen Entzündungen und Schmerzen. Da sie krampflösend wirken, helfen Taubnesseln bei Magen-, Darm-, Gallen- und Blasenbeschwerden. Auch bei allen Frauenleiden rund um die Gebärmutter ist die Taubnessel unersetzlich. Man verwendet die Blüten und die frischen oberen Blätter als Tee.

Gesundheitsrezepte: Für einen *Taubnesseltee* etwa 2 TL getrocknete Taubnesselblüten mit 1 Tasse kochendem Wasser übergießen, etwa 5 Minuten ziehen lassen, dann abseihen. Möglichst 3-mal täglich eine Tasse mit Honig gesüßtem Tee trinken oder ungesüßt zum Gurgeln verwenden. Ebenso kann man einen stärkeren Teeaufguss herstellen, um damit Sitzbäder zu machen, die die Schleimhäute heilen. Gemischt mit Schafgarbe im Verhältnis 1:1 ergibt sich ein Tee für alle Beschwerden vor und während der Blutung. Und auch Nagelbettentzündungen, mit einem dicken Brei aus frischen Taubnesselblättern bestrichen, heilen schnell ab.

Verwendete Pflanzenteile: Man kann die jungen Blätter wie Spinat und auch frisch im Salat genießen. Die Blüten enthalten viel süßen Nektar, manche Menschen kennen noch aus Kindheitstagen die Süße der gegessenen Blüten. Die weißen Blüten sind wie die roten eine Bereicherung in jedem Sommersalatteller. Die ganzen Stängel kann man auch in Pfannkuchenteig ausbacken und genießen.

Aus dem Volksglauben: Taubnesseln galten immer schon als wichtige Heilpflanze. Teilweise wurden sie sogar zur Diagnose verwendet: Bei Valentinus Kräutermann 1725 heißt es, dass die Pflanze anzeigt, ob der Patient überleben wird. Blieb nämlich die Nessel grün, wenn sie in seinen Urin gehalten wurde, war der Tod noch nicht zu erwarten. Über die Tür gehängt, sollte der Dieb veranlasst werden, das Diebesgut wieder zurückzubringen. Rindern wurden Kränze aus Taubnesseln umgehängt, damit sie dem Viehhirten folgten. Taubnesseln sollen sanft machen und helfen, allen Widerpart zu überwinden.

KÜCHENTIPP: *Taubnesseln sind zwar nicht verwandt mit den Brennnesseln, haben aber aufgrund ihrer ähnlichen Blattform den Namen »Nessel« bekommen. Da sie keine Brennhaare besitzen, braucht man keine Handschuhe beim Verarbeiten.*

■ Taubnesselsalat mit Sonnenblumenkernen und Trauben

Zutaten für 5 Personen

40 g	*Triebspitzen der Taubnessel*
	Taubnesselblüten zum Garnieren
1–2	*Schalotten*
1 EL	*Sonnenblumenkerne*
50 ml	*Balsamicoessig*
80 ml	*Gemüsebrühe*
	Salz
	Pfeffer aus der Mühle
1 TL	*Honig*
80 ml	*Nussöl*
	Trauben zum Garnieren

Zubereitung

1. Die Taubnesselspitzen und -blüten vorsichtig abbrausen und trocken tupfen. Die Schalotten schälen und in feine Würfel schneiden. Die Sonnenblumenkerne ohne Fett in der Pfanne kurz anrösten.

2. Den Essig mit der Gemüsebrühe, den Schalotten, Salz, Pfeffer und Honig verrühren. Das Öl unterschlagen. Die Trauben waschen und halbieren.

3. Die Marinade über die Taubnesseln geben und vermischen. Den Salat mit den Trauben garnieren und mit den Sonnenblumenkernen und den Taubnesselblüten bestreut servieren.

───────

TIPP: *Eine würzige Variante lässt sich mit frisch geriebenem Meerrettich herstellen.*

[Wiesenbocksbart]

Tragopogon pratensis

auch Milchblume, Zuckerblume, Süßling, Hasenbrot, Kuckuck, Morgenstern genannt

Saison: Der Wiesenbocksbart blüht von Mai bis Juli. Seine Blütenstände öffnen sich gegen acht Uhr und schließen sich um die Mittagszeit wieder. Die Sammelzeit für das Kraut erstreckt sich von April bis September. Sobald sich Früchte bilden, ist die Erntezeit vorüber. Die sehr energiereiche essbare Wurzel gräbt man am besten im September aus.

Botanik und Fundort: Der Wiesenbocksbart gehört zur Familie der Korbblütler (Asteraceae) und wächst in voller Sonne auf trockenen, nährstoffreichen Böden. Er ist Teil der Blumenwiesen der Schwäbischen Alb, die extensiv bewirtschaftet und nur wenig bis gar nicht mit Gülle gedüngt werden.

Inhaltsstoffe und Heilwirkung: Wiesenbocksbart enthält Inulin, Bitter- und Schleimstoffe, Phytosterine, Lipide sowie Kohlenhydrate und wirkt blutreinigend, schweiß- und harntreibend. Die Wurzel löst als Hustentee den Schleim und regt den Stoffwechsel von Niere, Blase und Leber an. Früher wurde ein Wiesenbocksbart-Wurzeltee getrunken, nachdem man zu viel gebechert hatte und der Leberstoffwechsel Unterstützung benötigte.

Verwendete Pflanzenteile: Man verwendet die oberirdischen Pflanzenteile, Blüten, Triebe und Blätter in der Wachstumszeit. Die Wurzeln des Wiesenbocksbarts können ähnlich wie Schwarzwurzeln zubereitet werden. Geröstet kann die Wurzel sogar als Kaffeeersatz dienen. Der Trieb der jungen Pflanze liefert ein Gemüse, das an Spargel erinnert. Die Blätter lassen sich wie Spinat roh oder gekocht verwenden.

Gesundheitsrezepte: Für einen *Wiesenbocksbart-Wurzeltee* 1 TL Wurzel mit 250 ml Wasser aufkochen und 5 Minuten ziehen lassen, dann abseihen. Maximal 3 Tassen pro Tag davon trinken. Für eine *Wiesenbocksbarttinktur* 1 Handvoll Wurzel mit Wodka übergießen und 5 Tage in der Wärme stehen lassen, abfiltern und maximal 30 Tropfen pro Tag als Kuranwendung einnehmen.

Aus dem Volksglauben: Obwohl der Wiesenbocksbart zu den uralten Nutzpflanzen gehört, ist er heute kaum noch bekannt. Bereits im Altertum soll die Wurzel des Wiesenbocksbarts auf Fresken dargestellt sein. Sein Name, hergeleitet von den griechischen Worten *tragos* (Bock) und *pogon* (Bart), bezieht sich auf den noch geschlossenen Fruchtstand, der einem Ziegenbart ähnlich sieht.

KÜCHENTIPP: *Um Fleisch- oder Geflügelgerichte mit Wiesenbocksbartblüten zu dekorieren, kann man sie zum Beispiel in ein wenig Butter andünsten und danach mit Fond glasieren.*

■ Gebackene Wiesenbocksbartblüten

Zutaten für 5 Personen

20	Wiesenbocksbartblüten
2	Eier
250 g	Mehl
250 ml	trockener Weißwein
50 g	geröstete und gemahlene Haselnüsse
20 ml	Öl
15 g	Zucker
	Salz
	abgeriebene Schale von 1 unbehandelten Zitrone
	Frittierfett

Zubereitung

1. Die Wiesenbocksbartblüten vorsichtig abbrausen und trocken tupfen.

2. Die Eier trennen. Das Mehl mit dem Weißwein und den Eigelben verrühren. Die Haselnüsse mit dem Öl und dem Zucker unter den Teig mischen, das Salz und die Zitronenschale unterrühren. Das Eiweiß steif schlagen und unter den Teig ziehen.

3. Die Blüten mit etwas Mehl bestäuben, dann durch den Haselnussteig ziehen.

4. Fett in einer Fritteuse erhitzen und die Blüten darin goldbraun backen. Herausnehmen und auf Küchenpapier abtropfen lassen.

■■■■■

TIPP: *Die gebackenen Wiesenbocksbartblüten passen ausgezeichnet zu Lammgerichten. Im Frühsommer schmecken die Blüten besonders gut!*

Gehaltvoll hängen die farbigen Wildfrüchte an den Ästen. Als kleine Vitaminbomben bereichern sie die Mahlzeiten in den kalten Monaten. Und die winterharten Blättchen von so manchem Wildkraut würzen nicht nur die Herbstgerichte, sondern sorgen auch für den nötigen Immunschutz.

Herbst und Winter

[Eberesche] *Sorbus aucuparia*

auch Blumenesche, Vogelbeere, Drosselbeere, Quitsche, Queckenbom, Krametsbeerbaum genannt

Saison: Die verwendeten Teile der Eberesche sind die Früchte, entsprechend ist die Sammelzeit zur Fruchtreife im August und September.

Botanik und Fundort: Ebereschen gehören zur Familie der Rosengewächse (Rosaceae) und wachsen auf eher sauren Böden in der Sonne und im Halbschatten. Der Baum gedeiht in Nadel- wie auch Laubwäldern. Da Ebereschen gern im Garten- und Landschaftsbau angepflanzt werden, findet man sie häufig an Straßen und in Parks.

Inhaltsstoffe und Heilwirkung: Die Früchte der Ebereschen (Vogelbeeren) enthalten viel Vitamin C und Provitamin A und können zum Beispiel als Brotaufstrich zur natürlichen Vitaminversorgung im Winter dienen. Tees aus getrockneten Blättern und Blüten finden gegen Husten, Bronchitis und Magenverstimmungen Verwendung. Ebenso werden sie bei Verdauungsbeschwerden, Hämorrhoiden, Rheuma und Gicht eingesetzt. Da Vogelbeeren zähen Schleim von den Stimmbändern lösen und gegen Heiserkeit helfen können, werden sie auch gern von Sängern und Rednern verzehrt.

Verwendete Pflanzenteile: Die Früchte sind, roh gegessen, sehr bitter und sauer, deshalb am besten nur gekocht verwenden. Man kann die Früchte auch an der Sonne trocknen lassen und zur Nierenanregung ein paar Beeren kauen.

Gesundheitsrezepte: Gegen Heiserkeit und Stimmverlust einen *Vogelbeertee* zubereiten. Dafür Käsepappel (Früchte der Malve), Bibernellwurzel und getrocknete Vogelbeeren zu gleichen Teilen mischen und davon 2 TL mit 250 ml kochendem Wasser übergießen, etwa 5 Minuten ziehen lassen, dann abseihen und heiß trinken. Für ein *Vogelbeermus* die Beeren mit wenig Wasser weich kochen und durch ein Sieb streichen, die Masse mit gleichem Anteil Zucker vermischen und nochmals kochen lassen, anschließend in sterilisierte Gläser abfüllen.

Aus dem Volksglauben: Für die Kelten war die Eberesche ein heiliger Baum. Als Baum des Lebens durfte man sie nicht fällen, sonst drohte der Tod. Die Eberesche schützte vor Dämonen und anderem Unheil, vor allem auch vor Blitzschlag. Tatsächlich werden Ebereschen selten vom Blitz getroffen. Viele Vogelbeeren auf dem Baum zeigen einen harten schneereichen Winter an. Aufgrund der Beeren wurde die Eberesche zum Symbol des Wiedererwachens nach der dunklen Winterzeit. Äußerlich angewandt sollen die Beeren Wunden heilen, verzehrt man sie, so verlängert sich das Leben um ein weiteres Jahr. Die Vogelbeere wurde in Deutschland zum Baum des Jahres 1997 erklärt.

KÜCHENTIPP: *Haben die Vogelbeeren nach dem ersten Frost ihren bitteren Geschmack verloren, kann man aus ihnen eine säuerliche Konfitüre kochen, die sehr gut zu Wildgerichten passt. Vogelbeeren kann man auch hervorragend mit Äpfeln oder Birnen vermischen.*

■ Kandierte eingelegte Vogelbeeren

Zutaten für 2 Einweckgläser (à 200 ml)

300 g	reife Vogelbeeren
300 ml	Apfelsaft
120 g	Zucker
	Saft von 1 Zitrone
1 cl	Vogelbeerschnaps

Zubereitung

1. Die Vogelbeeren von den Stielen zupfen, gründlich waschen und trocken tupfen.

2. Den Apfelsaft mit dem Zucker und dem Zitronensaft in einem Topf aufkochen. Die Vogelbeeren dazugeben, nochmals kurz erhitzen, aber nicht kochen lassen.

3. Die Beeren aus dem Sud nehmen, gut abtropfen lassen und die Kochflüssigkeit auf die Hälfte einkochen, danach die Beeren wieder in den Sud zurückgeben.

4. Die Einmachgläser heiß ausspülen. Den Ebereschenschnaps zu den Beeren geben, sofort in die Einmachgläser füllen und verschließen. Die Vogelbeeren 2 bis 3 Wochen stehen lassen, damit sie den optimalen Geschmack entwickeln.

■ Wildschweinragout mit Thymian, Schalotten und Vogelbeeren

Zutaten für 5 Personen

750 g	Wildschweinbug oder -keule
2	Zwiebeln
1	Karotte
1	kleine Stange Lauch
1/4	Knolle Sellerie
5	Wacholderbeeren
2	Lorbeerblätter
750 ml	trockener Rotwein
10	Schalotten (300 g)
	Salz
	Pfeffer aus der Mühle
3 EL	Butterschmalz
20 g	Tomatenmark
10	Stiele Thymian
100 g	Sahne
200 g	kandierte eingelegte Vogelbeeren

Zubereitung

1. Das Wildschweinfleisch waschen, trocken tupfen und in 40 bis 50 g schwere Würfel schneiden. Die Zwiebeln schälen und in feine Würfel schneiden. Die Karotte schälen und in Scheiben schneiden. Den Lauch putzen, längs halbieren, waschen und in Streifen schneiden. Den Sellerie schälen und in Würfel schneiden.

2. Das Fleisch mit dem Gemüse in eine Terrine geben. Die Wacholderbeeren leicht andrücken und mit den Lorbeerblättern zum Fleisch geben. 500 ml Rotwein hinzufügen und das Wildschweinfleisch 1 Woche im Kühlschrank marinieren.

3. Nach 1 Woche die Schalotten schälen und in Streifen schneiden. Das Fleisch aus der Marinade nehmen, mit Salz und Pfeffer würzen. Das Gemüse abgießen, dabei den Einlegefond auffangen.

4. Das Butterschmalz in einem weiten Topf erhitzen, die Schalotten darin andünsten, das Fleisch und das Gemüse dazugeben und mit anbraten. Das Tomatenmark hinzufügen und den restlichen Rotwein nach und nach dazugießen.

5. Den Thymian waschen, trocken tupfen und klein zupfen. Den Einlegefond dazugeben, sodass das Fleisch bedeckt ist. Den Thymian hinzufügen und alles etwa 1 Stunde bei schwacher Hitze köcheln lassen.

6. Das Fleisch herausnehmen und warm stellen. Die Sauce samt Gemüse mit dem Pürierstab pürieren und die Sahne unterrühren.

7. Das Fleisch mit der Sauce auf vorgewärmten Tellern anrichten und mit den Vogelbeeren garniert servieren.

■ Vogelbeerkrapfen

Zutaten für 5 Personen

500 g	*Kartoffeln*
3	*Eigelb*
	Salz
	frisch geriebene Muskatnuss
1 EL	*Butterflöckchen*
100 ml	*Milch*
50 g	*Mehl*
60 g	*kandierte eingelegte Vogelbeeren*
	(siehe Rezept Seite 126)
	Frittierfett

Zubereitung

1. Den Backofen auf 170 °C vorheizen. Die Kartoffeln waschen und in reichlich Salzwasser weich kochen. Abgießen, pellen und durch die Kartoffelpresse drücken. Auf ein Backblech geben und im Backofen 10 bis 15 Minuten ausdämpfen lassen.

2. Die Kartoffelmasse aus dem Ofen nehmen und die Eigelbe unterrühren. Mit Salz und Muskatnuss würzen.

3. Die Milch in einem Topf aufkochen, das Mehl einrühren, bis sich ein zäher Teig bildet. Den Brandteig unter die Kartoffelmasse mischen. Die Vogelbeeren abgießen, trocken tupfen und dazugeben.

4. Zwei Esslöffel in Öl tauchen und damit Nocken vom Kartoffel-Vogelbeer-Teig abstechen. Fett in einer Fritteuse erhitzen und nacheinander die Vogelbeerkrapfen darin goldbraun backen. Herausnehmen und auf Küchenpapier abtropfen lassen.

■ Wildbeerenpizza

Zutaten für 1 Springform (Ø 26 cm)

Für den Hefeteig:

20 g	Hefe (¹/₂ Würfel frische Hefe)
350 g	Mehl
4	Wacholderbeeren
5 g	Salz
10 g	Butter
150 ml	Wasser
10 g	Honig

Für den Belag:

100 g	Preiselbeeren
120 g	Brombeeren
120 g	Heidelbeeren
10–15	Wilder-Majoran-Blüten
	Butter für die Form
200 g	Hägenmark (siehe Rezept Seite 140)
50 g	kandierte eingelegte Vogelbeeren (siehe Rezept Seite 126)

Zubereitung

1. Die Hefe mit 2 EL lauwarmem Wasser glatt rühren. 2 TL Mehl unterrühren. Die Wacholderbeeren fein mahlen und unter das restliche Mehl mischen. Das Wacholdermehl, Salz, Butter, Honig und 150 ml Wasser zu einem festen Teig verkneten. Den Teig etwa 1 Stunde an einem warmen Ort gehen lassen.

2. Inzwischen für den Belag die Preiselbeeren, Brombeeren, Heidelbeeren und Majoranblüten waschen und trocken tupfen. Den Backofen auf 200 °C vorheizen.

3. Eine Kuchenform mit Butter einstreichen. Den Teig nochmals durchkneten, mit dem bemehlten Nudelholz ausrollen und in die Form legen.

4. Das Hägenmark gleichmäßig auf den Hefeteig streichen, die Preiselbeeren, Brombeeren, Heidelbeeren und Vogelbeeren darauf verteilen. Die Wildbeerenpizza mit den Majoranblüten bestreuen und im vorgeheizten Backofen etwa 12–15 Minuten backen.

■

TIPP: *Die Wildbeerenpizza ist ein idealer Kuchenersatz im Sommer und Herbst.*

[Feldthymian] *Thymus serpyllum*

*auch Sand-Quendel, Demut, Hühnerkohl,
Immenkraut, Kuttelkraut genannt*

Saison: Der Feldthymian blüht von Mai bis September, kann jedoch fast über die ganze Vegetationsperiode geerntet werden.

Botanik und Fundort: Thymian gehört zur Familie der Lippenblütler (Lamiaceae) und ist ein winterharter immergrüner Halbstrauch. Die im Bereich der Wacholderheiden auf der Schwäbischen Alb gedeihenden Thymianarten sind bis 5 Zentimeter hoch und bilden kleine dichtbelaubte Polster, oft auf Ameisenhügeln. Hier findet sich auch häufig der Schmetterling Thymianbläuling, der für seine Entwicklung an die Kombination von Thymian und Ameisenhügel gebunden ist.

Inhaltsstoffe und Heilwirkung: Thymian enthält ätherische Öle, Borneol, Pinen, Cymol, Gerb- und Bitterstoffe, Saponine und Eisen. Schon im Mittelalter war seine positive Wirkung auf Lunge und Bronchien bekannt. Bis heute wird Thymian aufgrund seiner antiseptischen, auswurffördernden und krampflösenden Eigenschaften bei Erkältungen, Bronchitis, Asthma, entzündlichen Darmerkrankungen und Koliken verordnet. Da er allgemein kräftigt und die Nerven stärkt, ist er ein gutes Mittel für ältere Menschen und Rekonvaleszente.

Verwendete Pflanzenteile: Die frischen beblätterten Teile des blühenden Krauts samt den Blüten kommen zum Einsatz.

Gesundheitsrezepte: Ein Thymianölauszug hilft gegen Rheumatismus und ein Sirup bei Husten. Für einen *Thymianwein* 1 Teil Kraut mit 5 Teilen Weißwein übergießen und 1 Woche stehen lassen, anschließend abseihen und jeden Tag ein kleines Gläschen davon trinken. Für einen *Thymianlikör* 50 g Thymian mit 1 l Wodka oder Korn übergießen und 4 Tage ziehen lassen. 300 g Zucker mit 500 ml Wasser mischen und den Alkoholauszug unterrühren, abfiltern und dunkel und kühl lagern. Einige Wochen ruhen lassen und dann genießen. Für einen *Thymiansirup* abwechselnd gequetschtes Kraut (mit dem Nudelholz) und eine dicke Schicht Zucker in ein Gefäß geben und immer wieder beide Schichten gut pressen, damit sich möglichst keine Luft zwischen Zucker und Thymian befindet. Den Thymian leicht befeuchten, damit sich der Zucker löst. Das Glas gut verschließen und 3 Wochen warm stehen lassen. Dann den Sirup durch ein Sieb seihen und sofort gegen Husten einnehmen. Um ihn noch haltbarer zu machen, kann man den Sirup einmal kurz aufkochen lassen.

Aus dem Volksglauben: Im Frühling konnte man sich durch ein magisches Reinigungsbad aus Thymian und Majoran aller Sorgen und Erkrankungen der Vergangenheit entledigen. Thymian verlieh Mut, Energie und die Fähigkeit, Elfen zu sehen. Auch als Mittel gegen böse Einflüsse und Dämonen wurde Thymian eingesetzt und zum Schutz vor Blitzschlägen. Wer sich das Kraut unters Kopfkissen legt, wird einen erholsamen Schlaf ohne Albträume haben. Flechten sich Frauen Thymian ins Haar, kann ihnen keiner widerstehen. Seit jeher findet Thymian beim Ausräuchern Verwendung. Die alten Ägypter sollen den Thymian zum Einbalsamieren ihrer Toten benutzt haben.

■ Lammrücken im Kartoffel-Thymian-Mantel auf Albheu mit Meidelstetter Linsen

Zutaten für 5 Personen

Für den Kartoffelmantel:

600 g	*vorwiegend festkochende Kartoffeln*
	Salz
	frisch geriebene Muskatnuss
je 2–3	*Stiele Thymian, Rosmarin, Wilder Salbei*
2	*Eigelb*
1	*Lammrücken (ausgelöst, 500 g)*
	Pfeffer aus der Mühle
2 EL	*Butterschmalz*
2	*Handvoll Albheu*

Für das Linsengemüse:

1	*Zwiebel*
30 g	*Butter*
100 g	*Linsen (z. B. Alb-Leisa)*
200 ml	*Gemüsefond*
2–3 EL	*Balsamicoessig*
80 g	*Lauch-, Karotten- und Selleriewürfel*
	Salz
	Pfeffer aus der Mühle

Zubereitung

1. Für den Kartoffel-Thymian-Mantel die Kartoffeln waschen, schälen und auf der Gemüseraspel fein reiben. Die geriebenen Kartoffeln in einem Tuch gut ausdrücken und mit Salz und Muskatnuss würzen.

2. Den Thymian waschen, trocken tupfen, die Blätter abzupfen und in Streifen schneiden. Die Rosmarin- und Salbeistiele waschen, trocken tupfen und beiseitelegen.

3. Für das Linsengemüse die Zwiebel schälen und in kleine Würfel schneiden. Die Butter erhitzen und die Zwiebeln und die Linsen darin andünsten, den Gemüsefond und den Essig dazugießen. Alles etwa 15 Minuten köcheln lassen, dann die fein geschnittenen Gemüsewürfel dazugeben, mit Salz und Pfeffer würzen und alles weich garen.

4. Inzwischen die Thymianstreifen mit den Eigelben unter die Kartoffeln mischen. Die Kartoffelmasse auf die Hälfte eines Stücks Frischhaltefolie streichen, die andere Folienhälfte darüberklappen und die Kartoffelmasse flach klopfen. Den Backofen auf 200 °C vorheizen.

5. Das Lammfleisch von Fett und Sehnen befreien, waschen und trocken tupfen, rundum mit Salz und Pfeffer würzen. Die Folie von der Kartoffelmasse ziehen und das Fleisch darauflegen. Nun mithilfe der Folie die Kartoffelmasse fest um das Fleisch wickeln.

6. Das Butterschmalz in einer Pfanne erhitzen und die Lamm-Kartoffelrolle von beiden Seiten darin anbraten. Die Rosmarin- und Salbeistiele sowie das Albheu mit in die Pfanne geben und das Fleisch im vorgeheizten Backofen etwa 10 Minuten fertig garen. Herausnehmen und kurz ruhen lassen.

7. Das Lammfleisch aufschneiden, auf vorgewärmte Teller verteilen und mit dem Linsengemüse angerichtet servieren.

———

TIPP: *Den typisch würzigen Duft der Schwäbischen Alb erhält man, wenn man unter das Albheu außerdem noch Majoran und Thymian mischt und das gebratene Heu anschließend auf einem Teller mitserviert.*

[Giersch] *Aegopodium podagraria*

auch Erdholler, Dreiblatt, Geißfuß
oder Zipperleinskraut genannt

Saison: Die Sammelzeit der Gierschblätter erstreckt sich über die ganze Vegetationszeit. Auch die Blüten, die sich von Mai bis August entfalten, sind essbar. Die Wurzeln werden im Frühjahr und im Herbst gesammelt.

Botanik und Fundort: Giersch gehört zur Familie der Doldenblütler (Apiaceae) und wächst bevorzugt auf nährstoffreichem Boden im Schatten bis Halbschatten. Giersch ist ein sehr weit verbreitetes und kaum beherrschbares »Gartenunkraut«. Man findet ihn in Wäldern, Hecken und Gebüschen.

Inhaltsstoffe und Heilwirkung: Giersch enthält Eisen, Kupfer, Mangan, Kalium, Kaffeesäure und ätherisches Öl, gilt als »Vitamin-C-Bombe« und wirkt entzündungshemmend, entgiftend, blutreinigend und harntreibend. Die Wirkung gegen Gicht zeigt sich auch im lateinischen Namen *Aegopodium podagraria* (Gicht = Podagra). In der Naturheilkunde werden beispielsweise zerdrückte Gierschblätter zur Linderung auf Gichtknoten gelegt. Giersch gehört zu den Frühjahrskurkräutern und kurbelt mit seinen Inhaltsstoffen den gesamten Stoffwechsel an. Außerdem wird das Kraut auch gegen rheumatische Beschwerden und zur Vorbeugung von Schlaganfällen eingesetzt.

Verwendete Pflanzenteile: Die jungen Blätter und Sprossen können roh im Salat gegessen oder wie Spinat als Gemüse zubereitet werden, sie eignen sich aber auch zum Verkochen in der Suppe. Da Giersch immer wieder frisch austreibt, kann man das ganze Jahr über die frischen Blätter verwenden. Eine Teeaufkochung wirkt besonders gut gegen Gicht.

Aus dem Volksglauben: Der Volksname Zipperleinskraut kommt vermutlich daher, dass der Giersch einst für so manches »Zipperlein« verwendet wurde. Der Name Aegopodium leitet sich aus dem Griechischen ab und soll auf die ziegenfußähnlichen Blätter des Giersch hindeuten.

Achtung: Giersch darf nicht mit dem giftigen gefleckten Schierling oder dem auf den Wiesen vorkommenden Wiesenkerbel verwechselt werden! Letzterer blüht im Frühjahr deutlich früher als der Giersch; zu dieser Zeit sind am Giersch noch keine Blüten sichtbar. Zwei deutliche Erkennungsmerkmale besitzt das Gierschkraut: seinen stark petersilienähnlichen Geruch und den dreieckigen Blattstielquerschnitt.

■ Karotten-Giersch-Gemüse mit Esskastanien (Maronen)

Zutaten für 5 Personen

1	*kleine Zwiebel*
300 g	*Karotten*
20 g	*junge Gierschblätter*
40 g	*Butter*
20 g	*Zucker*
	Salz
100 ml	*Mineralwasser*
300 g	*geschälte Esskastanien*

Zubereitung

1. Die Zwiebel schälen und in feine Würfel schneiden. Die Karotten putzen, schälen und in feine Scheiben schneiden. Die Gierschblätter waschen, trocken tupfen und klein schneiden.

2. Die Butter erhitzen, den Zucker karamellisieren und die Zwiebeln darin andünsten. Die Karotten hinzufügen und mitdünsten. Mit 1 Prise Salz würzen und das Mineralwasser dazugießen. Nach etwa 10 Minuten den kleingeschnittenen Giersch und die Esskastanien dazugeben, fertig garen und servieren.

■ Gedünstetes Forellenfilet mit Wildkräuterrisotto

Zutaten für 5 Personen

Für den Risotto:

1	Zwiebel
20 ml	Olivenöl
250 g	Rundkornreis/Risottoreis
100 ml	trockener Weißwein
500 ml	Gemüsebrühe
je 15	Stiele Giersch, Gundermann, Sauerampfer
50 g	geriebener Schabzigerkäse/Parmesan

Für den Fisch:

5	Forellenfilets (à 150 g)
	Saft von 1 Zitrone
	Salz
200 ml	Weißwein
50 g	Butter

Zubereitung

1. Für den Risotto die Zwiebeln schälen und in feine Würfel schneiden. Das Olivenöl erhitzen und die Zwiebeln darin andünsten. Den Reis dazugeben und nach und nach den Weißwein und die Gemüsebrühe dazugießen, bei schwacher Hitze köcheln lassen, dabei den Risotto immer wieder durchrühren.

2. Die Kräuter waschen und trocken tupfen. Die Blätter abzupfen und klein schneiden. Nach etwa 12 Minuten Kochzeit die Hälfte der Kräuter unter den Risotto rühren. Die restlichen Kräuter beiseitelegen. Zum Schluss den Käse unter den Risotto rühren.

3. Für den Fisch die Forellenfilets waschen und trocken tupfen. Mit Zitronensaft und Salz würzen. In eine ofenfeste Form geben, den Weißwein dazugießen und den Fisch etwa 8 Minuten bei 130 °C im Backofen dünsten.

4. Die Butter erhitzen, bis sie geschmolzen ist, und die beiseitegelegten Kräuter untermischen. Den Fisch aus dem Ofen nehmen, auf Teller verteilen, mit dem Risotto anrichten und mit der Kräuterbutter beträufelt servieren.

TIPP: *Der Risotto wird besonders cremig, wenn man vor dem Servieren noch 2 EL geschlagene Sahne unterhebt.*

[Hagebutte] *Rosa canina*

*Frucht der Heckenrose, auch Häge, Hagrose,
Hetschepetsche, Schlafdorn, Rosenbeere genannt*

Saison: Hagebutten kann man von September bis Oktober sammeln. Aber auch nach dem Frost lassen sie sich noch gut ernten, dann sollen sie sogar besonders viel Vitamin C enthalten, allerdings können die Früchte dann innen auch matschig sein.

Botanik und Fundort: Die Hagebutte ist eine leuchtend rote (Schein-)Frucht der Wildrosensorte *Rosa canina* (Gemeine Hundsrose) sowie anderer Wildrosensorten und gehört zur Familie der Rosengewächse (Rosaceae). An Waldrändern und als Teil von Wildsträucherhecken sind die weiß oder rosafarben blühenden Wildrosen auf der Schwäbischen Alb fast überall zu finden. Sie wachsen bevorzugt an sonnigen Plätzen und benötigen tiefgründigen Lehmboden. Der Name Hagebutte leitet sich wohl von »hag«, mittelhochdeutsch für Hecke, und »butte«, dem Fässchen, ab.

Inhaltsstoffe und Heilwirkung: Die Hagebutte als sogenannte Sammelfrucht enthält viele kleine Nüsschen (Kerne), die mit widerborstigen Härchen versehen sind. Das Fruchtfleisch schmeckt süßsauer und ist reich an Vitaminen, besonders an Vitamin C (100 g Früchte liefern bis zu 800 mg Vitamin C). Aber auch die Vitamine B1 und B2, Provitamin A, Flavonoide, Pektine, Mineral- und Gerbstoffe stecken in Hagebutten. Aufgrund ihres hohen Vitamingehalts, der sich auch beim Kochen zum sogenannten Hägenmark nicht wesentlich verringert, erfreuten sich Hagebutten schon immer großer Beliebtheit als winterlicher Vitaminspender. Die Kerne der Hagebutte wurden einst stundenlang zum sogenannten Kernlestee ausgekocht. Dieser färbt sich rotgold und wirkt harn- und schweißtreibend. Hagebutten können Erkältungs- und Infektionskrankheiten vorbeugen, sie festigen die Gefäße, zum Beispiel bei Venenleiden, helfen gegen Zahnfleischbluten und Parodontose, verbessern die Sauerstoffversorgung der Körperzellen und wirken somit als Schutz vor freien Radikalen.

Verwendete Pflanzenteile: Das frische oder getrocknete Fruchtfleisch der Hagebutten wird zu Mus, Konfitüre oder Kompott, aber auch zu Saft, Likör oder Wein verarbeitet. Die Kerne ergeben einen wohlschmeckenden Tee (siehe Rezept unten).

Gesundheitsrezepte: Für einen *Kernlestee* 1 TL getrocknete Hagebuttenkerne (ganz oder gemahlen) mit 250 ml kochendem Wasser übergießen, anschließend 15 Minuten ziehen lassen. Dieser Tee kann bei Blasen- und Nierenleiden und gegen Rheuma und Gicht getrunken werden. Für einen *Hagebuttentee* 2 TL zerkleinerte Hagebutten mit 250 ml Wasser zum Kochen bringen, 10 Minuten ziehen lassen, dann abseihen und mehrmals am Tag als Immunschutz trinken. Für einen *Hagebuttenlikör* 1 kg Hagebutten nach dem ersten Frost ernten und mit 500 g Kandiszucker in 3 l Korn 10 Tage bei Zimmertemperatur ansetzen, anschließend abseihen und genießen. Für einen *Hagebuttenwein* 2 EL getrocknete Hagebutten in 250 ml Weißwein 10 Tage bei Zimmertemperatur ansetzen, abseihen und 1 Schnapsgläschen pro Tag davon zu sich nehmen.

Aus dem Volksglauben: Im Mittelalter wurden die Beeren der Heckenrose nicht nur als gesunde Nahrung, sondern auch als Allheilmittel genutzt, und die stacheligen Zweige dienten als Schutz gegen Verzauberung. Der Legende nach hatte Maria die Windeln des Jesuskindes an einem bis dahin blütenlosen Rosenstrauch zum Trocknen aufgehängt. Seitdem brachte er rosige Blüten hervor. Drei Hagebutten am Weihnachts- oder Silvesterabend nüchtern und schweigend verzehrt, galten als Schutzmittel gegen Unfall und Krankheiten im neuen Jahr – in Schwaben half dies besonders gegen Halsweh, Seitenstechen und Magenleiden. Hingen viele Hagebutten am Strauch, so war Sturm, Regen und ein harter Winter zu erwarten.

KÜCHENTIPP: *Um Hagebutten zu entkernen, die gewaschenen Früchte halbieren. Mit einem kleinen Löffel die mit widerborstigen Härchen besetzten Kerne vorsichtig herauslösen. Dann Frucht und Kerne getrennt waschen. Die Kerne trocknen lassen und für den Kernlestee (siehe Rezept Seite 139) aufbewahren.*

■ Hägenmark

Zutaten

2 kg   *Hagebutten*
500 g *Zucker*
20 g   *Geliermittel (z. B. Apfelpektin oder Speisestärke)*

Zubereitung

1. Die Hagebutten waschen und trocken tupfen. Mit einem Messer Stiel und Fruchtansatz abschneiden und halbieren. Mit einem kleinen Löffel die Kerne samt Härchen herauslösen.

2. Das Fruchtfleisch mit 250 bis 500 ml Wasser in einen Topf geben und mindestens 30 Minuten weich kochen. Die Früchte mithilfe der Flotten Lotte zu Mus passieren.

3. Vom Fruchtmus 1 kg abwiegen und mit dem Zucker und dem Geliermittel unter Rühren vermischen und zum Kochen bringen. Das Hägenmark etwa 1 Minute sprudelnd kochen lassen, dann in saubere Gläser füllen und sofort mit sterilisierten Deckeln verschließen.

TIPP: *Verwendet man zum Kochen der Hagebutten einen Schnellkochtopf, so reduziert sich die Kochzeit und es bleiben mehr wertvolle Vitamine erhalten. Das Hägenmark eignet sich zum Füllen von Krapfen, als Marmelade oder als Basis für Süßspeisen (siehe Rezept rechts).*

Hagebuttenhalbgefrorenes mit warmer Zwetschgensauce

Zutaten für 5 Personen

Für das Halbgefrorene:

2	*Eier*
2	*Eigelb*
1/2	*Vanilleschote*
125 g	*Zucker*
500 g	*Sahne*
200 g	*rohes, ungesüßtes Hagebuttenmark*
	Hägengeist (Hagebuttenschnaps)

Für die Zwetschgensauce:

300 g	*Zwetschgen*
1	*unbehandelte Orange*
40 g	*Vanillezucker*
40 ml	*trockener Rotwein*
1/2	*Zimtstange*
	Zwetschgengeist

Zubereitung

1. Für das Halbgefrorene die Eier, die Eigelbe, die Vanilleschote und den Zucker in einer Schlagschüssel zuerst über dem heißen Wasserbad schaumig schlagen, dann über dem kalten Wasserbad kalt schlagen. Die Vanilleschote entfernen.

2. Die Sahne steif schlagen und mit dem Hägenmark unter die Eimasse ziehen. Mit einem Schuss Hägengeist parfümieren, in Dessertförmchen füllen und etwa 6 Stunden ins Tiefkühlfach stellen.

3. Inzwischen für die Zwetschgensauce die Zwetschgen waschen, entsteinen und in feine Streifen schneiden. Die Orange waschen, trocken tupfen und die Schale abreiben. Die Orange halbieren und den Saft auspressen.

4. In einem Top 200 g Zwetschgen mit Vanillezucker, Orangenschale und -saft, Rotwein und Zimtstange aufkochen und etwa 10 Minuten einkochen lassen. Die Zimtstange entfernen und die restlichen Zwetschgenstreifen dazugeben, dann mit einem Schuss Zwetschgengeist verfeinern.

5. Das Hagebuttenhalbgefrorene aus dem Tiefkühlfach nehmen und die Förmchen kurz ins heiße Wasser tauchen, damit sich das Dessert löst. Das Halbgefrorene auf Teller stürzen und mit der noch warmen Zwetschgensauce nappiert servieren.

TIPP: *Das rohe Hagebuttenmark erhält man auf gut sortierten Wochenmärkten.*

[Schwarzer Holunder] *Sambucus nigra*

*auch Hollerbusch, Holderbusch,
Altholder, Holderstock genannt*

Saison: Die Blätter des Holunders erscheinen im März bis April. Die Blütezeit der Schirmrispen beginnt im Mai und dauert bis Juli. Im August und September beginnen die schwarzen Beerenfrüchte zu reifen.

Botanik und Fundort: Holunder gehört zur Familie der Geißblattgewächse (Caprifoliaceae) und wird als Strauch bis zu 8 Meter hoch. Er ist weit verbreitet und gehört zu den Pflanzen, die gern in der Nähe des Menschen zu finden sind. Meist siedelt sich Holunder selbst in Gärten an. Es gibt in höheren Lagen (Schwäbische Alb und Alpen) auch den Roten Holunder, dessen Beeren ohne die Kerne zu einer wohlschmeckenden Marmelade verarbeitet werden. Hier geht es jedoch um den Schwarzen Holunder.

Inhaltsstoffe und Heilwirkung: Holunder enthält Rutin, ätherisches Öl, Gerbstoffe, Schleimstoffe, Cholin, Saponin, Säuren, Glykoside, Flavonoide, Vitamine und Mineralien und unterstützt daher vorwiegend das Immunsystem. Die Blätter wirken blutreinigend wie alle Pflanzen, die die Ausscheidung über die Nieren anregen.

Verwendete Pflanzenteile: Holunderblüten liefern den idealen Schwitztee bei Erkältungen. Die Blätter, als Tee getrunken, helfen gegen Nieren- und Blasenerkrankungen, wobei die Harnausscheidung angeregt wird. Deshalb Vorsicht bei Herzerkrankungen und bestehenden schweren Nierenerkrankungen! Auch in Hustenteemischungen macht sich die wohltuende Wirkung des Holunders bemerkbar. Kinder trinken den wohlschmeckenden Blütentee zumeist sehr gern. Die rohen Holunderbeeren sind leicht giftig und verursachen Brechreiz und Durchfall. Deshalb nur gekocht als Sirup oder Marmelade verzehren! Die Rinde und Wurzeln, die man früher ebenfalls verwendete, enthalten viele Gerbstoffe, die zum Beispiel bei Durchfällen sehr geschätzt waren. Heutzutage verwendet man zumeist nur noch die Blüten und Blätter und im Herbst die Früchte. Aus den Blüten können wir gebackene Holunderküchlein kochen, die Früchte lassen sich ebenfalls vielfältig verwenden.

Gesundheitsrezepte: Für einen *Holunderbeersaft* 2,5 kg frische Holunderbeeren waschen, von den Stielen befreien, in einen Topf geben und mit so viel Wasser begießen, dass sie ganz bedeckt sind. Zum Kochen bringen und etwa 10 Minuten köcheln lassen. Dann durch ein mit einem Tuch ausgelegtes Sieb abgießen und fest auspressen. Etwa 1,2 kg Zucker und Saft von 1/2 Zitrone zum ausgepressten Saft hinzufügen und erneut aufkochen. In sterilisierte Gläser abfüllen und sofort verschließen. Nach dem Abkühlen dunkel und kühl aufbewahren. Den Saft bei Erkältung wieder erwärmen und trinken oder ihn zu Süßspeisen, Likör oder Gelee weiterverarbeiten. Für einen *Holunderlikör* 500 ml Holundersaft mit 1 Gewürznelke, 1/2 Zimtstange und 1 TL gemahlenem Ingwer in einen Topf geben und etwa 15 Minuten köcheln lassen. 250 ml Weingeist hinzufügen und nochmals aufkochen lassen. 250 g Zucker in ein Gefäß geben, das Holundersaftgemisch darübergießen und einige Stunden ziehen lassen. Danach abseihen und erneut aufkochen. Den Holunderlikör in saubere Flaschen füllen und einige Monate dunkel lagern. Tipp: Täglich 1 Gläschen vom fertig gereiften Holunderlikör genießen.

Aus dem Volksglauben: Holunder gehört zu den Schutzpflanzen: Frauen brachten einst ihre Neugeborenen zur Erdgöttin unter dem Holunderbusch, baten sie um gute Aufnahme und machten ihr Geschenke. War der Riegel der Stalltür aus Holunderholz geschnitzt, sollte dem Vieh kein Leid geschehen. Die Nachgeburt der Kuh nach dem ersten Kalb musste unter einem Holunder vergraben werden, damit die Kuh viel Milch gab. Gegen Maulwürfe steckte man Holunderzweige in die Erde. Der Holunderstrauch durfte nicht gestutzt und umgehauen werden, da sonst Unglück drohte. Holunder am Haus sollte Wohlstand verleihen. Aber auch im Sterben war der Holunder ein Begleiter des Menschen: Das Maß für den Sarg wurde früher mit einem Holunderstock genommen. Und aus Holunderästen gefertigte Flöten konnten Geistwesen herbeirufen.

■ Holunder-Apfel-Zwetschgen-Marmelade

Zutaten für 5 Gläser (à 250 ml)

250 g	*Holunderbeeren*
370 g	*Äpfel*
250 g	*Zwetschgen*
50 ml	*Apfelsaft*
420 g	*Gelierzucker 2:1*

Zubereitung

1. Die Holunderbeeren waschen, trocken tupfen und von den Stielen zupfen. Die Äpfel schälen, vierteln, vom Kerngehäuse befreien und klein schneiden. Die Zwetschgen waschen, entsteinen und klein schneiden.

2. Die Holunderbeeren mit den Äpfeln, den Zwetschgen und dem Apfelsaft in einen Topf geben und erhitzen. Den Gelierzucker hinzufügen und alles nach Packungsanweisung köcheln lassen. Dabei immer wieder umrühren. Wenn die Marmeladenmasse zu gelieren beginnt, in sterilisierte Gläser füllen, abkühlen lassen und gut verschließen.

[Pastinake] *Pastinaca sativa*

auch Moorwurzel, Spindelwurz, Hammel-
oder Hirschmöhre genannt

Saison: Pastinaken werden in der Regel zwischen Oktober und Dezember geerntet. Sie vertragen Kälte und Frost. Die Wurzeln, die später ausgegraben werden, sind geschmacksintensiver als die früher geernteten.

Botanik und Fundort: Pastinaken gehören zu den Doldengewächsen (Apiaceae), haben einen wunderbaren Geruch und blühen mit gelben Dolden. Sie wachsen auf tiefgründigen lehmigen Böden in voller Sonne. Auf Wiesen, vor allem in Wegnähe, an Böschungen, in Steinbrüchen oder im Getreide kann man sie finden.

Inhaltsstoffe und Heilwirkung: Sie enthalten viele Mineralstoffe, Folsäure, die Vitamine A, E, B, und C. Gerade im Winter kann man durch den Genuss der Wurzel als wohlschmeckendes Gemüse seinen Stoffwechsel fördern. Auch von Säuglingen und Kleinkindern werden die Pastinaken gut vertragen. Wenn Kinder an einer mittlerweile immer häufiger auftretenden Karottenallergie leiden, kann man es mit Pastinaken versuchen.

Verwendete Pflanzenteile: Pastinakenblätter und -stängel eignen sich für Suppen, Eintöpfe, Kräuterquark und -käse. Die Samen dienen als Gewürz. Hauptsächlich verwendet werden die Wurzeln, die man wie Karotten gekocht oder roh genießen kann.

Gesundheitsrezepte: Aus den Samen der Pastinaken lässt sich ein Tee zur Verdauungsförderung und zur Anregung der Nierentätigkeit zubereiten. Ein Tee aus den Blüten und Blättern, die frisch geerntet werden, wird gegen Schlaflosigkeit empfohlen.

Aus dem Volksglauben: Vermutlich wurden Pastinaken bereits in der Steinzeit gesammelt. Die Römer waren die Ersten, die Pastinaken kultivierten. Sie verbreiteten sie auch über Europa. Bis ins 18. Jahrhundert galten Pastinaken hierzulande als eines der wichtigsten Grundnahrungsmittel.

KÜCHENTIPP: *Pastinaken sollten nicht zu dunkel angebraten werden, da sie sonst einen bitteren Geschmack bekommen. Damit die Wurzeln nicht schwarz werden, am besten mit etwas Zitronensaft beträufeln. Pastinaken lassen sich sehr gut als Wintergemüse im dunklen Keller aufbewahren.*

■ Pastinaken-Apfel-Cremesuppe

Zutaten für 5 Personen

1	Zwiebel
2	Äpfel (ca. 150 g)
200 g	Pastinaken
10	Pastinakenblätter zum Garnieren
40 g	Butter
20 g	Mehl
800 ml	Gemüse- oder Geflügelbrühe
200 g	Sahne
	Salz
	frisch geriebene Muskatnuss
1 TL	Zitronensaft

Zubereitung

1. Die Zwiebeln schälen und in feine Würfel schneiden. Die Äpfel schälen, vierteln, vom Kerngehäuse befreien und das Fruchtfleisch in kleine Stücke schneiden. Die Pastinaken putzen, schälen und klein schneiden. Die Pastinakenblätter waschen, trocken tupfen, klein schneiden und beiseitelegen.

2. Die Butter in einem weiten Topf erhitzen, die Zwiebeln darin andünsten. Die Äpfel und die Pastinaken dazugeben und mit andünsten. Mit dem Mehl bestäuben und die Gemüsebrühe und die Sahne dazugießen.

3. Die Suppe etwa 15 Minuten köcheln lassen, mit dem Pürierstab mixen und durch ein feines Sieb passieren. Mit Salz, Muskatnuss und Zitronensaft würzen. Auf vorgewärmte Suppenteller verteilen und mit den beiseitegelegten Pastinakenblättern garniert servieren.

[Schlehe] *Prunus spinosa*

auch Schlehdorn, Schwarzdorn, Heckendorn, Bockbeerli, Haferpflaume, Hagedorn, Kietschkepflaume genannt

Saison: Noch bevor das Laub austreibt, schmückt sich der dornige Schlehenstrauch im März und April mit weißen Blüten. Die Steinfrucht, die sich aus dem Fruchtknoten entwickelt, reift von Oktober bis November und bleibt im Winter am Strauch. Die Sammelzeit der Schlehenfrüchte ist der Spätherbst.

Botanik und Fundort: Die Schlehe ist ein kleiner Strauch, der zur Familie der Rosengewächse (Rosaceae) gehört. Man findet sie oft als Teil von Wildsträucherhecken an Feldrainen und Waldrändern. Die Schlehe gedeiht an sonnigen Standorten auf kalkhaltigen, auch steinigen Böden. Da Schlehen ohne Laub in Blüte stehen, kann man sie deutlich vom Weißdorn unterscheiden, der mit dem Laubaustrieb blüht.

Inhaltsstoffe und Heilwirkung: Schlehenfrüchte enthalten Flavonoglykoside, Cumarine, Gerb- und Bitterstoffe, Säuren und Vitamin C. Deswegen wirken sie adstringierend (zusammenziehend), harntreibend, schwach abführend und entzündungshemmend. Vorwiegend die Schlehenblüten (frisch oder getrocknet), aber auch die -blätter werden als leichtes Abführmittel verwendet. In der Volksheilkunde wird ein Teeaufguss der getrockneten Blüten zur Blutreinigung, gegen Husten, bei verzögerter Menstruation, Steinleiden und Wassersucht sowie als Gurgelmittel bei leichten Entzündungen der Mund- und Rachenschleimhaut eingesetzt. Mus oder Marmelade aus den Früchten wird gegen Appetitlosigkeit empfohlen.

Verwendete Pflanzenteile: Neben den weißen Blüten, die essbar sind und sich als Zutat für einen Frühlingssalat eignen, werden hauptsächlich die dunkelblauen bis schwarzen Schlehenfrüchte verwendet. Aus ihnen lassen sich Saft, Punsch, Mus, Marmelade oder Gelee zubereiten.

Gesundheitsrezepte: Für einen *Schlehenschnaps* ein großes Einmachglas mit getrockneten Schlehenfrüchten füllen und mit so viel klarem Schnaps, zum Beispiel Wodka, übergießen, bis alle Früchte bedeckt sind. An einen dunklen, kühlen Ort stellen und etwa 2 Monate ziehen lassen. Anschließend abfiltern und den Schlehenschnaps zur Anregung des Stoffwechsels trinken. Für einen *Schlehenlikör* die gefrosteten Früchte leicht andrücken und in ein Einmachglas geben. Mit Zucker bedecken und nach Belieben etwas Zimt, Nelken und Vanille dazugeben. Mit Wodka übergießen, bis alles gut bedeckt ist. Mindestens 2 Monate an einem warmen Ort ziehen lassen, dabei immer wieder durchmischen. Abfiltern und die Früchte auspressen. Eventuell anschließend den Alkoholgehalt mit Wasser reduzieren. Die Menge des Zuckers und des Wodkas richtet sich nach der Größe des Glases.

Aus dem Volksglauben: Schon die Bewohner der Pfahlbauten sollen die Schlehenfrüchte als Vitaminvorrat für den Winter genutzt haben. Und wer die ersten drei Schlehenblüten im Frühjahr gegessen hat, sollten vor Krankheiten gefeit sein. Daneben wirkte der dornige Schlehenstrauch als Schutz gegen Hexen, daher wurden Gehöfte und Weiden häufig mit Schlehen umpflanzt. Auch als Wettervorhersage wurde die Schlehe angesehen: Viele Schlehenfrüchte am Strauch verhießen einen besonders frostigen Winter. Und eine alte Bauernregel lautete: Ist die Schlehe weiß wie Schnee, ist's Zeit, dass man die Gerste säe.

KÜCHENTIPP: *Da die Schlehenfrüchte sehr sauer und herb-bitter schmecken, sollte man sie nach dem ersten Frost ernten oder für ein oder zwei Tage im Tiefkühlfach einfrieren. Dadurch erhalten sie ein süßliches, schmackhaftes Aroma.*

■ Rehmedaillons in Haselnusskruste mit Schlehensauce und Kürbis-Wirsing-Gemüse

Zutaten für 5 Personen

600 g	*Rehrücken*
	Salz
	Pfeffer aus der Mühle
2 EL	*Butterschmalz*

Für die Haselnusskruste:

100 g	*Butter*
50 g	*gemahlene Haselnüsse*
100 g	*geriebenes Weißbrot*
	Salz

Für das Gemüse:

1/2	*Zwiebel*
180 g	*Wirsing*
180 g	*Kürbis (Hokkaido)*
10 ml	*Kürbiskernöl*
100 ml	*Gemüsebrühe*
50 g	*Sahne*
	Salz
	frisch geriebene Muskatnuss
	Kürbiskerne
2 EL	*klein geschnittener Kerbel*

Für die Schlehensauce:

300 ml	*Rehsauce oder Wildfond*
100 g	*Sahne*
100 ml	*Schlehensaft oder 2 Handvoll Schlehen*

Zubereitung

1. Den Rehrücken von Haut, Fett und Sehnen befreien, waschen und trocken tupfen. Das Fleisch in 12 Medaillons à 50 g schneiden und jeweils mit Salz und Pfeffer würzen. Den Backofen auf 190 °C vorheizen.

2. Für die Haselnusskruste die Butter in einer Pfanne erhitzen, die Haselnüsse und die Weißbrotbrösel darin anrösten und mit Salz würzen.

3. Das Butterschmalz in einer weiteren Pfanne erhitzen und die Medaillons darin von beiden Seiten anbraten. Die Haselnusskruste darauf verteilen und die Medaillons 7 bis 9 Minuten im vorgeheizten Backofen überbacken.

4. Für das Kürbis-Wirsing-Gemüse die Zwiebel schälen und in feine Würfel schneiden. Den Wirsing putzen, waschen und in Streifen schneiden. Den Kürbis schälen und ebenfalls in Streifen schneiden. Wirsing und Kürbis etwa 1 Minute blanchieren und abtropfen lassen.

5. Das Kürbiskernöl erhitzen und die Zwiebeln darin andünsten. Den Wirsing und den Kürbis dazugeben und mit andünsten. Die Gemüsebrühe und die Sahne unterrühren und mit Salz und Muskatnuss würzen. Nach Belieben mit Kürbiskernen und Kerbel verfeinern.

6. Für die Schlehensauce die Rehsauce (Wildfond) mit dem Schlehensaft oder mit den gewaschenen Schlehen 15 Minuten aufkochen. Die Sauce durch ein Sieb gießen, auffangen und mit Salz und Pfeffer würzen. Vor dem Servieren die Sahne dazugeben und mit dem Pürierstab aufmixen.

7. Die Medaillons aus dem Ofen nehmen, auf vorgewärmte Teller verteilen und mit dem Kürbis-Wirsing-Gemüse und der Schlehensauce angerichtet servieren.

Anhang

■ Kleines Wildkräuter-Glossar

Aufguss = einfachste Art der Zubereitung = Tee
Pro Tasse wird/werden 1 TL Blüten und/oder
Blätter mit kochendem Wasser übergossen und
nach 3- bis 5-minütigem Ziehen abgeseiht und
noch heiß schluckweise getrunken.

Abkochung = Dekokt
Starke Blätter, Stängel, Früchte und Wurzeln
bringt man zum Kochen und lässt sie etwa
15 Minuten köcheln, danach abseihen und
trinken. Die Früchte von Kümmel, Anis und
Fenchel bitte vor dem Kochen zusätzlich im
Mörser zerstoßen.

Kaltwasserauszug = Mazerat
Schleimhaltige Pflanzen wie die Eibischwurzel
weicht man einige Stunden in kaltem Wasser
ein und erwärmt sie vor dem Trinken nur
ganz leicht.

Umschläge und Kompressen
Man bereitet einen stärkeren Teeaufguss aus
2 TL pro Tasse zu, tränkt Tücher mit dem Tee
und legt diese auf die zu behandelnde Stelle. Je
nachdem, ob Kälte oder Wärme guttut, lässt man
den Aufguss abkühlen oder verwendet ihn heiß.

Kräuterbad
Auch hierfür benötigt man einen starken
Teeaufguss aus 2 bis 3 TL Pflanzenteilen pro
Tasse. In der Regel kocht man 1 l Tee für ein
Vollbad.

Tinktur
200 g getrocknete oder 400 g frische Kräuter auf
1 l guten Korn oder Wodka. Der Alkoholgehalt
soll zwischen 30 und 40 % liegen. Bei Wurzeln
ist der 40-prozentige Alkohol vorzuziehen.

Öl

Man benötigt so viel Öl, dass die Kräuter im
Glas gut bedeckt sind. Bitte jeden Tag die
Kräuter ins Öl drücken, damit sie nicht an die
Luft gelangen und eventuell schimmeln können.
Konservierung des Öls mit Vitamin E aus der
Apotheke: 10 Tropfen Vitamin E auf 100 ml
fertiges Kräuteröl.

Giftnotrufnummer für Vergiftungsfälle
Freiburg: Telefon (07 61) 1 92 40
München: Telefon (0 89) 1 92 40

**Nach dem Sammeln werden die frischen
Kräuter je nach Verwendung hergerichtet.**

■ Bezugsquellen regionaler Produkte

Jürgen Autenrieth ist es ein großes Anliegen, für seine Gerichte nur die besten Zutaten aus regionaler Produktion zu verwenden. Der Küchenmeister fordert Spitzenqualität im Einklang mit der Natur. Und bei folgenden Betrieben auf der Schwäbischen Alb hat er dies gefunden:

Brotspezialitäten aus Dinkel und Albweizen
BeckaBeck Backstube, Unter Lau 3, 72587 Römerstein. Telefon (o 73 82) 9 37 20-0, www.beckabeck.de

Brot, Wurst, Mehl, Rind- und Baby-Beef-Fleisch, Kartoffeln, Karotten
Demeterhof Kloker, Konrad Schlecker, Ehinger Straße 22, 72525 Münsingen-Bremelau. Telefon (o 73 83) 15 28

Alb-Korn, Dinkel, Naturkost
Getreidemühle Luz, Mühlsteige 12, 72525 Münsingen-Buttenhausen. Telefon (o 73 83) 12 61, www.luzmuehle.de

Holzofenbrot
Albkorn-Bäckerei und Konditorei Glocker, Mörikestraße 6, 72532 Gomadingen. Telefon (o 73 85) 96 50 62, www.albkorn.de

Käse- und Molkereispezialitäten
Altschulzenhof Elisabeth Engst, Lautertalstraße 50, 72534 Hayingen-Münzdorf. Telefon (o 73 86) 9 71 40, www.altschulzenhof.de

Milchprodukte aller Art
Bauernhof Schmid, Josef Max und Renate Uraula Schmid, Ehinger Straße 49, 72525 Münsingen-Bremelau. Telefon (o 73 83) 94 24 02

Jürgen Autenrieth bei Frau Engst im Käselager

Büffelmozzarella und Albkäse
Hohensteiner Hofkäserei, Helmut Rauscher, Heidäcker Hof 1, 72531 Hohenstein-Ödenwaldstetten. Telefon (o 73 87) 12 97, www.albkaes.de

Bio-Eier, Wildkräuter, Biolandprodukte, regionale Erzeugnisse
Karin Maier, Biolandbetrieb, Eichberghof 1, 72525 Münsingen. Telefon (o 73 81) 27 95

Alb-Linsen
KornBauer Glück, Beim Reifenbrünnele 13, 72531 Hohenstein-Meidelstetten. Telefon (o 73 87) 98 41 52

Champignons
Frank und Margret Geiselhart, Hauptstraße 35/1, 72534 Hayingen-Ehestetten. Telefon (o 73 83) 94 20 53, www.frische-pilze.de

Besuch bei der Herde von Schäfer Stotz

Forellenzucht

Hotel Restaurant Forellenhof Rössle, Heerstraße 20, 72805 Lichtenstein-Honau. Telefon (0 71 29) 9 29 70, www.forellenhof-roessle.de

Weidegänse, Moschusenten, Festtagsputen

Gerd Vöhringer, Auf dem Hochgesträß 1, 72532 Gomadingen-Steingebronn. Telefon (0 73 85) 4 97

Lammfleisch, Wurstwaren und Schinken

Schäferei Stotz, Viehweide 2, 72525 Münsingen. Telefon (0 73 81) 14 14, www.schaefer-stotz.de

Alb-Büffelfleisch und Weiderind

Metzgerei und Landgasthof »Hirsch«, Ludwig Failenschmid, Parkstraße 2., 72813 St. Johann-Gächingen. Telefon (0 71 22) 82 87-0, www.failenschmid.de

■ Literatur

Scott Cunningham, Enzyklopädie der magischen Kräuter, Schirner, Darmstadt 2006

Staudengärtnerei Gaissmayer Illertissen, Zauberkräuter-Katalog

GU-Naturführer: Heilpflanzen einfach und sicher bestimmen, Gräfe & Unzer, München 2005

Siegrid Hirsch und Felix Grünberger, Die Kräuter in meinem Garten, Freya, Linz 2009

Marie-Luise Kreuter, Kräuter, Kräuter, Kräuter für Garten, Balkon und Terrasse, blv, München 2006

Johannes Gottfried Mayer, Bernhard Uehleke, Pater Kilian Saum, Handbuch der Klosterheilkunde, Zabert Sandmann, München 2003

Schmeil-Fitschen, Flora von Deutschland und seinen angrenzenden Gebieten, Quelle & Meyer, Heidelberg 1973

■ Wildkräuterwanderungen und -kochkurse

Um Wildkräuter zu erkennen und zu sammeln, braucht man entweder ein gutes Wildpflanzenbestimmungsbuch oder – noch besser – eine geführte Wildkräuterwanderung. Die beiden Autoren dieses Buchs, Heilpraktikerin und Gärtnermeisterin Annegret Müller-Bächtle und Küchenmeister Jürgen Autenrieth, bieten alljährlich von Mai bis September Wildkräuterwanderungen und Wildkräuter- beziehungsweise Wildfrüchtekochkurse an. Dabei lernen die Teilnehmer zunächst alles Wissenswerte rund um das Sammeln von Wildkräutern und Wildfrüchten. Anschließend trifft man sich in der Hotelküche Herrmann, um gemeinsam unter der Anleitung von Profikoch Jürgen Autenrieth ein Vier-Gänge-Menü aus frischen, regionalen Produkten zuzubereiten. Die Teilnehmer erfahren dabei viele Tipps und Tricks und erleben, wie viel Spaß es macht, neue Kreationen auszuprobieren. Als krönender Abschluss wird das selbst gekochte Feinschmeckermenü mit einem edlen Tropfen genossen. Die jeweiligen Wanderungen finden rund um Münsingen statt, auch der Kräuterpfad der Stadt Münsingen wird hierbei mit einbezogen. Die nächsten Termine sind zu finden unter: www.albkraeuter.de und www.hotelherrmann.de

■ Die Autoren

Annegret Müller-Bächtle, Jahrgang 1964, Gärtnermeisterin im Fachbereich Stauden und Heilpraktikerin mit eigener Praxis in Münsingen mit Therapieschwerpunkt Kräuterheilkunde. Ausbildung in Traditioneller Chinesischer Medizin mit Heilkräutern und Tuina-Massage. Ergänzend hierzu verordnet sie homöopathische, spagyrische Medikamente sowie Schüssler Salze und Bachblüten. Seit 2007 bietet Annegret Müller-Bächtle ein umfangreiches Seminarangebot rund um Pflanzen, Gärten und Kräuter an. www.naturheilpraxis-mueller-baechtle.de

Jürgen Autenrieth, Jahrgang 1965, aufgewachsen in einer in Münsingen verwurzelten Gastronomiefamilie im »Gasthof Herrmann«. Nach erfolgreicher Kochausbildung bei Ernst Fischer (an dieser Stelle ein herzliches Dankeschön) im »Restaurant Rosenau« in Tübingen und nach weiteren Stationen in Zürich, Tegernsee, Mitteltal und Frankfurt schloss Jürgen Autenrieth seine Ausbildung mit der Küchenmeisterprüfung in Baden-Baden 1990 ab. Seit 1992 ist er zusammen mit seinem Bruder Rainer Inhaber des elterlichen »Gasthofs Herrmann« in Münsingen. Durch die Verbundenheit mit der Natur seiner Heimat, der Schwäbischen Alb, wuchs Autenrieths Interesse an den sogenannten »Unkräutern«. Ein besonderer Dank gilt seiner Mutter, die den Kräutergarten für die Restaurantküche hegt und pflegt.

Rainer Fieselmann, geboren 1943, hat sich seit vielen Jahren als Bildjournalist auf Landschafts- und Städteaufnahmen aus Baden-Württemberg spezialisiert. Er lebt in Eningen unter Achalm.

Annegret Müller-Bächtle, Jürgen Autenrieth und Rainer Fieselmann in der Restaurantküche

Gerichte und *Gesundheitsrezepte*

**Annegret Müller-Bächtle
beim Kräutersammeln**

Herrliche Rezepte

Roland Silzle und Dieter Ziegler-Naerum

Brotgeschichten aus Hohenlohe

Mit umfangreicher Rezeptsammlung

Brot ist neben Wasser unser wichtigstes Grundnahrungsmittel. In Hohenlohe ist das Angebot an Brotsorten und auch an raffinierten gebackenen Leckerbissen aus Brotteig besonders abwechslungsreich. Wie Blooz, süß oder salzig, Kartoffelbrot, Schwarzbrotpudding und Brotkonfekt bereitet werden, warum Maisbrot, Kirgisisches Weißbrot oder Limesbrot sich angesiedelt haben, wie Brot aus Einkorn, Emmer, Kamut, Dinkel oder Hanf gebacken wird oder was es mit Bärlauchbrot, Austernbrot, Horaffen, Schenkenbrot und Siederkuchen auf sich hat, erfährt man in diesem reich bebilderten Back- und Schmökerbuch. Betrachtet man, wie sich die verschiedenen Sorten ausgebreitet haben, erfährt man auch vieles über die Menschen, die sie backen und essen.

168 Seiten, 270 meist farbige Abbildungen, fester Einband. ISBN 978-3-87407-574-9.

Katrin und Ralph Schäflein

Omas Küchen

Traditionelle schwäbische Rezepte

Wer erinnert sich nicht an Omas köstliche Nudelsuppe, den einmaligen Sauerbraten und den unvergleichlichen Duft des frisch gebackenen Hefezopfs? Und wer hat dazu noch die richtigen Rezepte? Sieben Omas aus sieben Regionen in Württemberg verraten, wie die traditionelle schwäbische Küche am besten gelingt. Ob Vorspeisen, Hauptgerichte oder Nachtisch – wer mal wieder ganz bewusst schwäbisch kochen will, wird in diesem neuen Kochbuch mit Sicherheit fündig. Und selbst erfahrene Köche werden viele (fast) vergessene Tricks entdecken, die Marianne, Erika, Gertrud, Elisabeth, Efi, Anna und Ruth »auf der Pfanne haben«.

144 Seiten, 113 Farbaufnahmen, ISBN 978-3-87407-791-0.

Silberburg·Verlag
www.silberburg.de